reinhardt

Astrid McCornell

Wenn Huhn und Eule in die Ferne schweifen

Tiergeschichten
zum Vorlesen bei Demenz

Ernst Reinhardt Verlag München Basel

Astrid McCornell, Hamburg, Krankenschwester mit Ausbildung in Validation (nach N. Feil) und Dozentin, ist seit vielen Jahren in der Pflege, vorwiegend im ambulanten Bereich, tätig. Weitere Informationen finden Sie unter http://www.irmchen-und-maria.de.

Von der Autorin außerdem im Ernst Reinhardt Verlag erhältlich: „Wo sich Huhn und Eule gute Nacht sagen – Tiergeschichten zum Vorlesen bei Demenz" (ISBN 978-3-497-02478-0).

Bibliografische Information der Deutschen Nationalbibliothek

Die Deutsche Nationalbibliothek verzeichnet diese Publikation in der Deutschen Nationalbibliografie; detaillierte bibliografische Daten sind im Internet über <http://dnb.d-nb.de> abrufbar.

ISBN 978-3-497-02507-7 (Print)
ISBN 978-3-497-60198-1 (E-Book)

Printed in Germany
Covergestaltung unter Verwendung von Motiven von: © sval7/inna_astakhova/Rico K. – alle Fotolia.com
Satz: FELSBERG Satz & Layout, Göttingen

Ernst Reinhardt Verlag, Kemnatenstr. 46, D-80639 München
Net: www.reinhardt-verlag.de E-Mail: info@reinhardt-verlag.de

Inhalt

Einleitung und Vorwort

Willkommen zu neuen Abenteuern mit Huhn und Eule. Alle Leser, die bereits „Wo Huhn und Eule sich gute Nacht sagen“ gelesen haben, dürfen die Einleitung schwänzen.

Alle weiteren Leser begrüße ich und bitte Sie einen Moment um Ihre Aufmerksamkeit. Bitte berücksichtigen Sie folgende Praxis-Tipps:

1. Lesen Sie die Geschichte zunächst einmal durch.
2. Entscheiden Sie dann, wie lange Sie vorlesen möchten, welche Fragen Sie stellen und welche Aktionen Sie durchführen möchten.
3. Grundsätzlich gilt: Je schwerer die Demenz ausgeprägt ist, desto kürzer die Lesezeit. Sie können die Geschichten in zwei oder mehr Teile unterteilen. Weniger ist mehr! Beschränken Sie sich auf wenige Fragen und eventuell nur eine Aktion. Schauen Sie, ob die Fragen für die Zuhörer geeignet sind.
4. Sie können auch eigene Fragen hinzufügen oder eigene Aktionen planen. Lassen Sie Ihrer Phantasie freien Lauf, das mache ich auch.
5. Wenn Sie sich für eine Aktion entscheiden, legen Sie zuvor das benötigte Material bereit.
6. Sie können einer Einzelperson vorlesen oder auch Gruppen. Sehr schön ist es in einer kleinen Gruppe von fünf bis sechs Zuhörern.
7. Stellen Sie sich den Zuhörern vor, begrüßen Sie jeden

persönlich. Nehmen Sie eine zugewandte Körperhaltung ein und stellen Sie sicher, dass Sie jeder hören und sehen kann.

8. Lesen Sie langsam, laut und deutlich vor, sodass Ihre Zuhörer gedanklich mitgehen können.
9. Unterstreichen Sie Gelesenes mit Gestik und Mimik oder auch mit Gegenständen.
10. Lassen Sie Ihren Zuhörern Zeit, ihre Gedanken und Gefühle zu sortieren und diese auszudrücken.
11. Wertschätzen Sie jede Form der Kommunikation, auch wenn diese für Sie manchmal „keinen Sinn“ ergibt.
12. Wenn eine der gestellten Fragen Sie selbst anspricht, so zögern Sie nicht, aus Ihrem eigenen Leben zu erzählen. Das Thema „Zahnschmerzen“ ist kulturübergreifend und kann zu einem regen Austausch führen.
13. Beenden Sie die Lesung nicht abrupt. Nehmen Sie sich ausreichend Zeit, bei vielen Zuhörern schwingen die Emotionen nach und häufig wird nach der Geschichte noch ein Gesprächspartner benötigt.
14. Und zu guter Letzt: Haben Sie Spaß an den Geschichten, machen Sie es nicht kompliziert! Mein Lieblingssatz ist: KEEP IT SIMPLE! Das gilt für alles in der Demenzbetreuung. Sie können die Geschichten auch einfach durchgängig vorlesen, das macht ebenso Spaß.

Nun möchte ich Ihnen die Bewohner und Gäste des Bauernhauses vorstellen:

Irmchen – eine achtzigjährige Eule mit Rheuma im rechten Flügel, beste Freundin von Maria
Maria – ein blindes Huhn, welches ihr Alter nicht preisgibt, beste Freundin von Irmchen

Maximilian – ein ca. siebzigjähriger Uhu, ein Cousin von Irmchen, mit Maria liiert, gelegentlich sehr „tüdelig"
Karl – der Hofhund, verschweigt ebenfalls sein Alter, bester Freund von Maximilian
Herr und Frau Fischer – das Storchenpaar auf dem Dach, fliegen nach Afrika
Nunu – ein portugiesischer Zwergesel, über 50 Jahre alt, moslemischen Glaubens
Antonio – ein spanischer Zwergesel, Alter unbekannt, ein entfernter Verwandter von Nunu, Katholik
Lore – ein Huhn, nicht mehr ganz jung, welches sich schwer verliebt
Benjamin – das größte und mutigste Küken im Hühnerstall
John – ein amerikanisches Maultier und Profitänzer
Arne – ein dänischer Adler mit Gesundheitsproblemen

Ich bedanke mich bei meiner Familie und meinen Freunden für die Inspirationen, das Entleihen des einen oder anderen Namens und die geteilten Erlebnisse und Erinnerungen! Ein weiterer Dank geht an meine Lektorin und meinen Verlag, die mir ermöglichen, einen meiner Traumberufe zu leben.

Hamburg, Dezember 2014 Astrid McCornell

Nach Afrika

Es endete langsam der Sommer, als Herr und Frau Fischer unruhig wurden. Das Storchenpaar auf dem Dach des Bauernhauses wurde vom Reisefieber gepackt. Frau Fischer fing an die Bekleidung zu waschen und auszusortieren. Herr Fischer vertiefte sich stundenlang in Landkarten. Er vertiefte sich so sehr in sein Studium, dass er glatt die Chorprobe vergaß.

? Frage: Wer hat auch schon Reisefieber gehabt? Bei welcher Reise? Gibt es ein Hilfsmittel gegen Reisefieber?

So standen Irmchen, die Eule, Maria, das Huhn, die Katze Pauline und einige Hühner verloren in dem alten Wäschekeller, welcher ja als Proberaum diente. „Maria“, sagte Irmchen nach kurzer Zeit, „da stimmt was nicht. Herr und Frau Fischer sind immer pünktlich. Lass uns mal zum Bauernhaus rübergehen und nachsehen.“ Maria war sofort einverstanden und die anderen schlossen sich ihnen sogleich an. Am Bauernhaus angekommen, flog Irmchen zu dem Nest der Fischers hinauf. „Hallo Irmchen“, sagte Frau Fischer, „das ist ja schön, dass du uns besuchen kommst.“ „Ich komme wegen der Chorprobe …“, begann Irmchen, als Herr Fischer sich abrupt umdrehte. „Oh mein Gott“, rief er aus, „ich Döspaddel hab die Probe vergessen.“

[?] Frage: Was ist ein „Döspaddel"? (vergesslicher Mensch) Welche Worte gibt es noch für vergessliche Menschen? (zerstreuter Professor, Tüdelkopf ...)

Er wedelte dabei aufgeregt mit seinen Flügeln, sodass die Landkarten auf und durcheinander flogen. „Was ist denn los?" fragte Irmchen und schaute auf das Durcheinander von Karten und Wäsche in dem Nest. „Wir bereiten unsere Reise vor", sagte Frau Fischer. „Wohin wollen Sie denn reisen?", fragte Irmchen. „Nach Afrika", antwortete Herr Fischer, „wie jedes Jahr!" „Irmchen", rief Maria, das Huhn, von unten, „was ist denn da oben los?" „Die Fischers reisen nach Afrika!", rief Irmchen zurück. „Was?", rief die Katze Pauline hinauf, „Nach Afrika? Das ist ja ganz weit weg!" „Afrika", rief ein Huhn, „ist ganz gefährlich, da wohnen Krokodile."

[?] Fragen: Wer kann Landkarten lesen? Kann jemand andere Karten lesen z.B. Seekarten? Welche Tiere wohnen noch in Afrika? War schon einmal jemand dort?

[!] Aktion: Zeigen Sie Landkarten, wenn Sie haben, auch eine von Afrika! Nehmen Sie große, die man raschelnd auseinanderfalten kann.

Und dann fingen alle an, durcheinander zu reden und zu rufen. Irmchen sah das Storchenpaar namens Fischer an und sagte: „Ich glaube, sie sollten uns allen von Ihrer Reise erzählen. Wie wäre es, wenn wir uns gleich alle bei der

Bank unter dem Birnbaum treffen?" „Eine gute Idee", befand Frau Fischer, „ich könnte eine Pause gebrauchen!" „Ich auch", stimmte ihr Mann zu. „Macht jemand Kaffee?" Und so trafen sich alle Bewohner des Bauernhauses unter dem Birnbaum zu Kaffee und Reiseberichten.

Herr Fischer erklärte den Zuhörern, welche Reiseroute sie für gewöhnlich nahmen. „Wir fliegen", sagte er, „von Deutschland nach Frankreich. Dort machen wir immer einige Tage wegen der exquisiten Froschschenkel halt."

[?] Fragen: Wer war schon einmal in Frankreich? Oder hat Froschschenkel gegessen? Etwas anderes Exotisches wie Schnecken oder Pferd?

„Dann geht es weiter nach Spanien. Auch dort bleiben wir einige Tage, denn die Menschen sind dort unbeschreiblich nett. Von dort aus fliegen wir über das Meer nach Marokko. In Marokko gibt es wunderschöne Berge, ihre Gipfel sind mit Schnee bedeckt und sie sehen aus wie Wolken! Die nächste Station ist Mauretanien. Dort fängt die Sahara an. Das ist eine riesige Wüste, Sand, soweit das Auge reicht. Dennoch leben Menschen dort. Sie heißen Tuareg und sie sind immer verschleiert. Ein sehr stolzes Volk. An die Sahara schließt sich das Land Senegal an. Dort wachsen die ungewöhnlichsten Bäume, die ich jemals gesehen habe. Sie sind hell und kahl, als hätten sie lange im Wasser gelegen. Ihre Zweige ragen wie riesige Hände und Finger in den Himmel und es hängen höchstens fünf Blätter an jedem Baum."

[!] Aktion: Zeigen Sie ein Foto mit schneebedeckten Bergen, reichen Sie ein Stück Treibholz herum. Wie fühlt sich dieses an? Zeigen Sie das Bild einer Wüste.

[?] Fragen: Wer hat auch Angst vor der Wüste? (dort kann man verdursten). War schon einmal jemand in der Wüste?

„Das Zielland unserer Reise heißt Gambia. Dort gibt es den schönsten Strand und das schönste Meer, das ihr euch vorstellen könnt. Der Tisch ist immer reich gedeckt, es gibt Fisch, Krebse und andere Meerestiere. Es ist wunderbar warm, aber nicht zu heiß. Immer eine sanfte Brise vom Meer …“, endete Herr Fischer und schloss verträumt die Augen. Auch Frau Fischer lächelte und sagte: „Ja, es ist eine lange Reise, aber die Mühe ist es jedes Jahr wert.“ „Und wann kommt ihr wieder?“, fragte Maximilian, der Uhu. „Im Frühling“, antwortete Frau Fischer, „da sind wir wieder da. Wir werden euch alle vermissen und wir schreiben auch“, versprach sie.

[!] Aktion: Zeigen Sie ein Bild von einem Traumstrand herum. Nehmen Sie feinen Sand und lassen diesen durch die Finger rieseln.

[?] Fragen: Wer liebt auch Sand und Meer? Reiseberichte?

„Und wer leitet jetzt den Chor, wenn Sie weg sind?“, fragte Maria. „Oh!“, sagte Herr Fischer, „Daran habe ich gar nicht gedacht. Ich benötige eine würdige Vertretung! Ich werde für Ersatz sorgen“, versprach er. Noch lange saßen die Freunde unter dem Birnbaum und sprachen über Afrika, das Reisen und einen neuen Chorleiter. Doch niemand hatte eine Idee, wen Herr Fischer als Vertretung auswählen würde. „Es bleibt spannend“, meinte Maria und Irmchen sagte: „Stimmt, und ich freue mich jetzt schon auf Post aus Afrika!“

Nunu

Alle warteten gespannt auf die nächste Chorprobe, um zu sehen, wen Herr Fischer, der Storch, als neuen Chorleiter erwählt hatte. Sie waren sehr überrascht, als Herr Fischer mit einem kleinen Esel im Probenkeller erschien. Die Hühner schnatterten ein wenig durcheinander, doch Herr Fischer bat um Ruhe. „Nur mit der Ruhe, meine Damen", rief Herr Fischer, der seinen Chor ja bereits kannte. Er erinnerte sich lebhaft an die erste Chorreise, die er unternommen hatte. Noch niemals zuvor hatte er so einen aufgeregten Hühnerhaufen gesehen.

[!] Aktion: Alle mal mit den Armen wedeln, wie ein aufgeregtes Huhn.

„Meine Damen", rief Herr Fischer erneut, „darf ich Ihnen meine Vertretung vorstellen: Das ist Nunu", sagte er und wies auf den kleinen Esel. „Ich habe ihn auf der Landstraße getroffen", fuhr er fort, „und wir haben uns lange unterhalten. Ich glaube, er ist genau der Richtige!"

[!] Aktion: Zeigen Sie das Bild eines Esels oder einen Esel aus Stoff.

[?] Fragen: Wer kennt dieses Tier? Wer hat schon einmal mit einem Esel zu tun gehabt? Warum heißt es eigentlich „doof wie ein Esel"? (Weil Esel sehr genügsame Tiere sind, die für wenig Futter und Wasser hart arbeiten).

Der kleine Esel namens Nunu lächelte freundlich und verbeugte sich ein wenig. „Meine Damen", sagte er, „ich freue mich außerordentlich, Sie kennenzulernen. Mein neuer Freund hat mir viel von Ihnen erzählt. Ich liebe die Musik und freue mich darauf, mit Ihnen gemeinsam zu arbeiten. Was möchten Sie gerne von mir wissen?" „Bist du nicht ein wenig jung für diese Aufgabe?", fragte das Huhn Lore und beäugte skeptisch die Größe des kleinen Esels. Nunu lachte und antwortete: „Ich danke für das Kompliment. Ich bin bereits über fünfzig Jahre alt. Meine Größe hängt mit meiner Rasse zusammen. Ich bin ein portugiesischer Zwergesel. Meine Eltern sind auch nicht größer."

[?] Fragen: Wer kennt das, wenn man wegen seiner geringen Größe unterschätzt wird? Wer war auch immer der/die Kleinste (Schule, Geschwister ...)?
Wer kennt das, wenn man wegen seines Aussehens unterschätzt wird?

„Und wo wohnst du?", wollte Irmchen, die Eule, wissen. „Im Moment in einer alten Scheune", sagte Nunu, „ich bin von meinem Bauernhof abgehauen. Nur harte Arbeit, wenig zu essen, manchmal Schläge und niemals Musik", schloss er traurig. „Was?", rief Irmchen entsetzt,

„Schläge?“ Das war für Irmchen unvorstellbar, denn sie gehörte niemandem und liebte ihre Freiheit. „Du kannst bei uns wohnen“, sagte Irmchen bestimmt, „hier wird keiner geschlagen. Maxi wird dir helfen, einen schönen Platz für dich herzurichten.“ Alle nickten und murmelten zustimmend. „Prima“, sagte Herr Fischer, „ich wusste, dass ich mich auf euch verlassen kann.“

Fragen: Wer liebt auch seine Freiheit? Musste jemand schon einmal auf seine Freiheit verzichten (z.B. durch Kriege, Gefangenschaft …)? Musste jemand Schläge erdulden?

So marschierten alle gemeinsam Richtung Tischlerschuppen. Maximilian, der Uhu, hütete wie üblich die Küken, wenn der Chor probte. Sein Freund, der Hofhund Karl, unterstützte ihn dabei, wie immer. Sie machten große Augen, als der gesamte Chor mit einem kleinen Esel erschien. „Nanu“, sagte Maximilian erstaunt, „du bist ja ein ‚Dings‘…“, und zeigte auf Nunu. Wie so oft, war ihm gerade das passende Wort entfallen.

Frage: Wem fehlt auch manchmal das passende Wort? Womit ersetzen Sie es? Maximilian sagt immer „Dings“.

„Ein portugiesischer Zwergesel …“, erklärte das Huhn Lore eifrig. „Will ich genau sehen“, quengelte Benjamin, das größte und mutigste Küken und drängelte sich nach vorne. „Maximilian“, sagte Irmchen, die Eule, „Nunu braucht ein neues Zuhause. Ich dachte Du und Karl könntet ihm etwas herrichten.“ „Kein Zuhause?“, fragte Maximilian entsetzt. Da ging er auf Nunu zu und nahm ihn einmal fest in seine Flügel. „Schön, dass du da bist“, sagte Maximilian zu Nunu.

[!] Aktion: Singen Sie gemeinsam den Song „Ein Freund, ein guter Freund“ aus der Musikkomödie „Die Drei von der Tankstelle“.

Dann drehte sich Maximilian zu Karl, dem Hofhund, und den Küken um und sagte: „Leute, nun haben wir viel Arbeit.“ Er, Karl, Nunu und die Küken steckten die Köpfe zusammen, um sich zu beratschlagen. Herr Fischer nahm seine Damen zu der letzten gemeinsamen Chorprobe mit. Karl hatte gleich eine gute Idee. „Gleich neben dem Hühnerstall ist ein Schuppen. Er ist gut erhalten, das Dach ist dicht und Tür an Tür mit den Hühnern ist es auch wärmer im Winter“, schlug er vor. „Ja“, stimmte Maximilian zu, „wir können ihn von innen renovieren und neu einrichten.“ „Was ist renovieren?“, wollte der kleine Benjamin wissen. „Innen im Haus etwas neu machen“, erklärte der alte Tischlermeister Maximilian, „neues Holz an die Wände, Tisch, Stühle und ein Bett bauen. Und alle helfen mit, dann sind wir schneller fertig.“ So lernten die Küken in den nächsten Tagen viel über das Tischlerhandwerk.

[?] Fragen: Wer kann auch renovieren? Wer kann tapezieren und anmalen? Kann jemand auch tischlern?

Aktion: Reichen Sie Quast, Pinsel, Holzfeile und ähnliches herum. Was stellt man mit diesen Sachen an?

Nunu erwies sich als stark und geschickt. Dem Huhn Lore blieb der Schnabel offen stehen als sie sah, wie der kleine Esel alleine einen Kleiderschrank vom Tischlerschuppen zu seinem neuen Zuhause trug. So bauten sie gemeinsam ein weiteres Zuhause auf. Irmchen strahlte und sagte zu Maria: „Ich bin so glücklich, dass wir uns kennengelernt haben. Schau nur, wie unsere Gemeinschaft wächst." „Ja", antwortete Maria, „denk nur mal, wenn Du kein Rheuma hättest, hätten wir uns nie kennengelernt." Irmchen erinnerte sich genau zurück an jenen Abend, als sie Maria um Hilfe bat. Und das gab ihr die Sicherheit, zu wissen, dass aus Schmerzen und Kummer glückliche Momente erwachsen können.

Fragen: „Auf Regen folgt immer Sonnenschein"! Kennen Sie weitere Sprichworte für einen guten Ausgang? Ist Ihr Leben auch gut verlaufen?

Sommerhitze

Kurz vor der Abreise des Storchenpaares Fischer wurde es noch einmal richtig heiß. Das Thermometer knackte die 30°C Marke und die Hofmitte flirrte vor Hitze. Maria, das Huhn, saß unter dem schattigen Birnbaum. Irmchen, die Eule, gesellte sich leise stöhnend zu ihr. „Eine unbeschreibliche Hitze", seufzte Irmchen. „Ich zerfließe geradezu", erwiderte Maria, „ich wünsche mir nichts sehnlicher als eine Abkühlung." „Oh ja", sagte Irmchen, „zum Beispiel ein riesengroßes Eis." „Oder ein kaltes Fußbad mit Eiswürfeln …", spann Maria den Gedankenfaden weiter.

[?] Fragen: Wie kühlen Sie sich ab?

[!] Aktion: Reichen Sie eine Schüssel mit Eiswürfeln herum.

Da erschienen schnaufend die vier Küken unter dem Birnbaum. „Ist das heiß!" klagten die vier, „Bei dieser Hitze kann man gar nichts spielen." „Nein", sagte Maria, „es ist einfach zu heiß für alles." Karl, der Hofhund, und Maximilian, der Uhu, kamen ebenfalls sehr gemächlich auf den Birnbaum zugeschlendert. In Maximilians Gesicht spielte ein Lächeln. Er sagte: „Was haltet ihr von einem Ausflug zum See? Da können wir schwimmen und uns abkühlen." „Jaaaa!", schrien die vier Küken sofort, „Wir wollen uns abkühlen!" „Eine super Idee", sagte Irmchen, „ich war schon ewig nicht mehr am Badesee." „Ich war noch nie am Badesee", sagte Maria, „und schwimmen kann ich auch nicht." „Keine Sorge", sagte Maximilian, „es gibt ganz seichte Stellen, in welche man sich einfach hineinsetzen kann. Und ich bleibe natürlich bei dir und passe auf." Dann drückte er seiner Maria einen dicken Kuss auf die Wange.

[!] Aktion: Lassen Sie einen Wasserball aufblasen, reichen Sie einen Sonnenhut und Sonnencreme herum. Schauen Sie alte Fotos mit Bademoden an.

[?] Fragen: Was braucht man alles für einen Badeausflug? Was musste bei Ihnen dabei sein? Wer kann auch nicht schwimmen?

So trugen die Freunde alles zusammen, was man für einen Badeausflug braucht. Decken, Handtücher, Sonnenhüte, einen Wasserball, Birnen zum Knabbern und so weiter. Fertig ausgerüstet begaben sich Irmchen, Maria, Maxi, Karl und die vier Küken auf den Weg zum Badesee. Die vier Küken durften ausnahmsweise auf Karl reiten, denn es war zu heiß zum Laufen. Selbst Maria, das Huhn, hatte auf Karls Rücken Platz genommen, denn sie schwitzte schon nach fünf Minuten ihr hübsches Federkleid durch.

So erreichten sie eine wunderschöne Sommerwiese. Mohn, Margeriten und Kornblumen leuchteten um die Wette. Die Schmetterlinge und Bienen tanzten von Blüte zu Blüte. Alte Obstbäume spendeten hier und da Schatten.

[!] Aktion: Wenn es die Blumensaison zulässt, reichen Sie Mohn und Kornblumen herum.

Und am Rande der Wiese glitzerte er verheißungsvoll: der See. „Juhu“, schrien die Küken, sprangen von Karls Rücken herunter und rannten auf den See zu. Maximilian machte, dass er hinterher kam. Er verteilte Schwimmreifen an die Küken. Diese mussten sie sich um den Bauch legen, damit sie nicht im Wasser untergingen. Und dann stürzten sie sich in die Fluten. Karl und Irmchen bereiteten ein Lager unter einem der alten Bäume. Dann sauste auch Karl lachend in das Wasser. Irmchen hakte Maria unter und sagte: „Komm, wir gehen uns auch abkühlen.“ Sie suchte für Maria eine sandig seichte Stelle und gemeinsam ließen sie sich in das erfrischende Wasser plumpsen. „Oh, das ist aber angenehm“, sagte Maria und begann ein wenig mit den Flügeln im seichten Wasser zu patschen. „Nicht wahr?“, erwiderte Irmchen, patschte auch mit den Flügeln herum und spritzte dabei Maria ein wenig nass. „He“, rief Maria, „du spritzt mich nass.“ Und dann fing sie an, Irmchen nass zu spritzen. Im Handumdrehen begann eine kleine Wasserschlacht. Maximilian sah die beiden Freundinnen lachen und kam zu ihnen hinüber.

[?] Fragen: Wer mag auch kleine Wasserschlachten im Sommer am See? Oder auch daheim in der Badewanne?

[!] Aktion: Nehmen Sie eine große Schüssel mit Wasser, lassen Sie die Zuhörerinnen und Zuhörer ein wenig mit den Fingerspitzen spritzen. Lassen Sie eine Wasserbombe herumgehen (mit Wasser gefüllter Luftballon).

„Du bist ja 'ne richtige Wasserratte!“, sagte er zu Maria. „Wenn ich gewusst hätte“, erwiderte Maria, „dass Wasser so viel Spaß macht, wäre ich schon eher reingegangen.“ „Wenn du magst“, sagte er zu Maria, „dann kann ich dich auf dem Wasser gleiten lassen. Du musst dich auf den Rücken legen und die Flügel ausbreiten. Ich halte dich mit meinen Flügeln von unten und stehe direkt neben dir. Du brauchst keine Angst zu haben, das Wasser und ich tragen dich.“ Maria hatte Angst, aber sie war auch mutig. Und sie vertraute Maximilian. Und so ging sie hinein in den See, drehte sich mutig auf den Rücken und ließ sich von dem Wasser und von Maxi tragen. Es war wunderbar und vor Freude und Stolz rannen ihr zwei Tränen aus den Augen.

Frage: Wer hat schon einmal so etwas Mutiges getan? Oder wer hat sich mit geschlossenen Augen nach hinten fallen lassen, in die Arme eines anderen? Andere Mutproben bestanden?

Nach dem Bad im See machten es sich alle unter dem alten Baum bequem. Sie verspeisten ihr Picknick und ruhten sich im Schatten aus. Erst in der Abenddämmerung kehrten sie zurück, mit dem perfekten Rezept gegen Sommerhitze in der Tasche.

Abschied und Aufwachen

Die Abreise des Storchenpaares Fischer stand nun bevor. Irmchen, die Eule, machte sich Gedanken über eine kleine Abschiedsfeier als auch ein Willkommen für ihren neuen Mitbewohner, den Zwergesel Nunu. „Schwierig", dachte Irmchen, „beides unter einen Hut zu kriegen." Sie ging zu Maria, dem Huhn, herüber, um sich mit ihr zu beraten.

[!] Aktion: Zeigen Sie Stoffhuhn und Stoffeule herum. Wie fühlen sich diese an?

[?] Fragen: Hatten Sie als Kind auch ein Kuscheltier? Oder ein echtes Huhn?

Maria dachte gründlich nach. Dann sagte sie: „Ich finde, die Fischers sollten ein Andenken an uns mitnehmen. Ein Abschiedsgeschenk, welches sie an uns erinnert. Wie wäre es denn, wenn du ein Bild von dem Bauernhaus malst?" fragte sie Irmchen. Irmchen malte für ihr Leben gerne, das wusste Maria. Maria überlegte weiter: „Für Nunu, den Zwergesel, machen wir ein Willkommensgeschenk. Ich frage Maximilian, ob er ihm für den neuen Schuppen ein schönes Türschild schreinert. Da könnte draufstehen: Hier lebt Nunu oder so ähnlich. Wie findest du das?", fragte sie Irmchen.

[?] Frage: Was halten Sie für ein passendes Abschiedsgeschenk? Was halten Sie für ein passendes Willkommensgeschenk? Kennen Sie den Brauch, dass man Brot und Salz zum Einzug schenkt? Warum? (Es soll Wohlstand und Glück bringen.)

[!] Aktion: Lassen Sie Brot und Salz herumgehen.

„Ganz wunderbar“, sagte Irmchen, „aber was machen wir zu essen bei so einer Hitze? Zum Grillen ist es jedenfalls zu heiß!“ Und auch dafür hatte Maria eine Lösung: Eiskaffee und Eistorte. „Jetzt fehlen uns nur noch zwei passende Lieder, eines zum Abschied und eines zum Willkommen“, sagte Maria. Irmchen schnappte sich das Chorliederbuch und blätterte eifrig. Schnell wurde sie fündig. Für die Fischers würde es: „Nehmt Abschied Brüder, ungewiss ist alle Wiederkehr“ und für Nunu „Viel Glück und viel Segen“ geben.

Zum Abschied würden alle Tiere des Bauernhofes mit weißen Tüchern winken. Dafür wusch Irmchen ein altes Bettlaken und zerteilte es in zwanzig Teile.

[!] Aktion: Singen Sie gemeinsam, dann als Kanon:
„Viel Glück und viel Segen
auf all deinen Wegen …“
Und wenn Sie mögen „Nehmt Abschied Brüder, ungewiss ist alle Wiederkehr“ gleich hinterher.

Und dann war der Tag des Abschieds gekommen. Alle Tiere hatten sich versammelt: Irmchen, Maria, Karl, der Hofhund, Maximilian, der Uhu, die Küken und Hühner, die Katze Pauline und der Esel Nunu. Es wurde gesungen und gespeist und zum Schluss wurden die Geschenke übergeben. Die Fischers und Nunu waren zutiefst gerührt. Frau Fischer verstaute das Bild in der Reisetasche und dann hieß es endgültig Lebewohl. Alle winkten mit ihren weißen Tüchern den Fischers hinterher und das war ein wunderbares Bild.

[!] Aktion: Zerteilen Sie gemeinsam ein weißes Tuch, dann alle kräftig damit zum Abschied winken.

[?] Fragen: Was mögen Sie als Abschiedsgruß? Mögen Sie Abschiede? Ist es schlimm, beim Abschied zu weinen?

„Ach war das schön“, sagte Nunu zu den Chordamen, „ich freue mich sehr auf unsere erste Probe. Wie wäre es gleich mit morgen?“ „Ja gerne“, schnatterten die Hühner und Lore, das Huhn, fragte: „Wie wäre es morgen früh um 10:00 Uhr?“ „Abgemacht“, sagte Nunu.

Am nächsten Morgen um 10:00 Uhr waren alle Chordamen im Proben-Wäschekeller versammelt. Sie warteten fünf Minuten, dann zehn Minuten, aber wer nicht erschien war der neue Chorleiter Nunu. Lore ging los, um nach Nunu zu sehen. Nunu lag in seinem neuen Bett, eingekuschelt in eine von Marias Decken und schlief selig.

[?] Frage: Wer ist auch eine Schlafmütze? Wer hat schon einmal verschlafen? Ist es blöd zu verschlafen? Oder nicht so schlimm?

„Nunu“, rief das Huhn Lore, „du verschläfst unsere Chorprobe.“ „Was?“, murmelte Nunu verschlafen, „Wie spät ist es denn?“ „Schon nach 10:00 Uhr“, rief Lore. Nunu rieb sich die Augen. „Oh je, schon wieder“, sagte er, „das passiert mir öfter. Ich glaube, ich brauche einen Wecker.“ „Einen was?“, fragte Lore, denn Wecker waren ihr gänzlich unbekannt. Ein Huhn braucht einen Wecker so dringend, wie ein Eskimo einen Kühlschrank.

[?] Frage: Warum braucht ein Huhn keinen Wecker? Weil ein Huhn vom Hahn in aller Frühe geweckt wird.

„Ein Wecker“, erklärte der kleine Esel, „ist eine Uhr, die um eine bestimmte Zeit ganz laut klingelt, dass man wach wird!“ Lore staunte und wollte gerne einen Wecker sehen.

[!] Aktion: Reichen Sie einen alten Wecker herum, lassen Sie ihn klingeln. Oder reichen Sie ein Foto eines alten Weckers.

[?] Frage: Wer hatte auch so einen? Wer wird von alleine wach? Hat schonmal jemand einen Wecker an die Wand geworfen?

„Hab leider keinen“, sagte er, „ich müsste mir einen kaufen.“ „Hast du denn Geld?“, fragte Lore und der kleine Esel zeigte ihr einige funkelnde Goldmünzen, die er aus seiner Heimat mitgebracht hatte. „Mit einkaufen gehen“, sagte Lore, „kennt sich Karl, der Hofhund, gut aus. Er weiß im Dorf gut Bescheid. Bestimmt hilft er dir gerne.“ Nachdem Nunu einen starken Kaffee getrunken hatte, machte er sich auf zu Karls Hundehütte. Dieser war gleich einverstanden, Nunu das Dorf zu zeigen und so zogen die beiden los. Sie erstanden einen knallroten Wecker mit riesigem Glockenwerk. „Sehr gut“, sagte Karl, „der erweckt sogar Tote zum Leben.“

? Frage: Wer kennt noch etwas, das so laut ist, dass davon Tote aufgeweckt werden?

Anschließend kaufte Nunu noch eine Tüte der letzten Sommererdbeeren für Lore. „Weil sie nicht mit mir gemeckert hat, weil ich verschlafen habe“, erklärte Nunu Karl. Und so kam es, dass der kleine Esel Nunu nie wieder seine Chorprobe verschlief.

Geburtstag

Als Maximilian, der Uhu, und Karl, der Hofhund, einmal wieder die Küken hüteten, erfuhren sie, dass der kleine Benjamin bald Geburtstag haben wird. Neun Jahre würde er alt werden und er war schon sehr aufgeregt. „Was ich wohl für Geschenke bekommen werde?“, überlegte Benjamin, das Küken, laut. „Was wünschst du dir denn?“, fragte Maximilian Benjamin. „Eine brandneue Drachen-Schaluppe von Lego“, antwortete das Küken wie aus der Pistole geschossen. Nach kurzem Zögern fügte er an: „Und ein neues i-Phone 5.“ Maximilian blickte ratlos zu Karl hinüber. Von diesen Spielsachen hatte er noch nie gehört. Auch Karl zuckte nur die Schultern.

[?] Frage: Was war Ihr schönstes Geburtstagsgeschenk?
Roller oder Puppenhaus?
Wer kennt Legosteine?

[!] Aktion: Lassen Sie Legosteine oder eine Puppe herumgehen.

„Und deinen Geburtstag, wo wirst du ihn feiern?“ fragte Maximilian Benjamin weiter. „Ach, wir gehen ins Fun-Paradies, ein bisschen Automaten daddeln!“, antwortete Benjamin. „Häh?“, machte Maximilian, denn nun verstand er endgültig nur noch Bahnhof. „Kein Kuchenessen und

Topfschlagen?“, fragte Maximilian Benjamin. „Häh?“, machte nun das Küken, denn bei Topfschlagen verstand Benjamin nur Bahnhof.

[?] Frage: Was bedeutet „nur Bahnhof verstehen“?

„Also“, sagte Maximilian, „ich kenne das „Funa-Dings“ nicht, aber bei uns ging Geburtstag anders.„ „Wie denn?“, fragte Benjamin, denn er liebte die Geschichten von früher, die Maximilian und Karl erzählten.

[?] Frage: Wo haben Sie Geburtstag gefeiert? Zu Hause? Im Garten? Wurden bei Ihnen Geburtstage gefeiert?

Die Chorprobe war beendet und Irmchen, die Eule, und Maria, das Huhn, schlenderten gemütlich heran. „Hallo“, rief Irmchen, „was macht ihr?“ „Wir sprechen über Geburtstage“, antwortete Maximilian. „Oh, ich liebe Geburtstage“, sagte Maria sofort, „wer hat denn Geburtstag?“ „Ich“, rief der Kleine, „ich werde bald neun. Maximilian wollte gerade davon erzählen, wie er früher Geburtstag gefeiert hat.“ „Zeit zum Abendessen“, rief das Huhn Lore und kam zu den Freunden herüber geschlendert. „Och nö“, maulte Benjamin, „immer wenn es spannend wird.“

[?] Frage: Wer kennt das, dass man ins Bett muss, wenn es spannend wird?

„Weißt du was", tröstete Karl Benjamin, „wir werden für dich eine Geburtstagsfeier organisieren. So, wie wir sie früher gefeiert haben. Du darfst alle Freunde einladen." „Oh toll", rief Benjamin und zog getröstet zum Abendessen ab. „Super", strahlte Irmchen, „das wird ein Spaß." Irmchen liebte Partys und vor allem liebte sie das Gestalten von Partydekorationen.

[!] Aktion: Blasen Sie einen Gummihandschuh auf, unten zuknoten. Malen Sie ein Gesicht darauf, Augen links und rechts des Daumens, einen Mund unter den Daumen. Lassen Sie ihn herumgehen.

[?] Frage: Wer kann auch selbst Dekorationen basteln? Was?

Die vier Freunde steckten die Köpfe zusammen und begannen zu beratschlagen. Als erstes machten sie sich über den Geburtstagskuchen Gedanken. Karl übernahm diese Aufgabe nur zu gerne. Er versprach seinen berühmten Schokoladenkuchen zu machen und extra für die Kinder einen Orangenlimonadenkuchen.

[!] Aktion: Backen Sie gemeinsam einen Orangenlimonadenkuchen und laden Sie Kinder zum gemeinsamen Verzehr des Kuchens ein.

Rezept: *2 Tassen Zucker*
3 Tassen Mehl
1 Tasse Orangenlimonade

1 Pk. Vanillezucker
1 Pk. Backpulver
1 Prise Salz
4 Eier

verrühren, auf ein Backblech streichen, bei 180 Grad C. 40–45 Min. backen, mit Zuckerguss und bunten Streuseln dekorieren.

Fragen: Gab es bei Ihnen einen Geburtstagskuchen? Welche? Rezepte?

In diesem Moment erschien der Esel Nunu. „Hallo“, rief er, „was macht ihr denn da?“ „Wir planen eine Geburtstagsparty!“ rief ihm Irmchen zurück. „Oh toll, für wen denn?“ fragte Nunu. „Für den kleinen Benjamin“, gab Maximilian an. „Also das ist so …“, erklärte Karl, „wir wollen eine Geburtstagsfeier so wie früher machen.“ „Was für eine schöne Idee“, sagte Nunu, „darf ich mitmachen?“ Natürlich durfte er und die Freunde freuten sich über Unterstützung. Irmchen wollte Luftballons mit lustigen Gesichtern bemalen, die sie zu einer langen Girlande verbinden würde und aus buntem Papier eine riesige Menge Konfetti herstellen.

Aktion: Sie ahnen was kommt: Lochen Sie buntes Papier, stellen Sie eine Luftballongirlande her, schmücken Sie den Essplatz damit. Sollte gerade niemand Geburtstag haben, nehmen Sie einen anderen Anlass.

Karl dachte laut über die passenden Spiele nach. „Topfschlagen, Sackhüpfen, Apfel im Wasserbad schnappen, Eierlaufen ...", sprudelten die Ideen nur so aus ihm heraus. Die Freunde waren begeistert und ernannten Karl kurzerhand zum Spielleiter.

[?] Frage: Wurde bei Ihnen am Geburtstag gespielt? Wenn ja, welche Spiele?

[!] Aktion: Wie wäre es mit einer Runde Wattepusten? Oder Schokoladenwettessen?

Nun ging es zum Schluss noch um ein schönes Geburtstagsgeschenk. „Mein schönstes Geschenk", erinnerte sich Karl, „war mein erster Roller." „Meines war ein kleines Ruderboot", gab Irmchen in die Runde, „ich war so stolz, alleine auf dem See zu rudern." „Ich habe ein Puppenhaus bekommen, von meinem Vater selbst gebaut. Alle meine Freundinnen waren neidisch ..." Auch in Maria stiegen Erinnerungen an früher auf. „Und dein schönstes Geschenk?", fragte Karl Nunu. Dieser antwortete: „Ach wir waren arm Zuhause. Mit sieben Kindern war man froh, wenn alle satt wurden. Als Geburtstagsgeschenk gab es ein paar Socken oder etwas ähnlich Praktisches. Für eine Geburtstagsparty oder Kuchen hatten wir kein Geld."

[?] Frage: Wer hat auch keine Geschenke bekommen? Wer hätte gerne ein Party gehabt, aber es gab nicht genug Geld/Zeit? Wer wollte, dass seine Kinder es besser haben?

„Aber ich mag Geburtstagspartys. Und ich habe eine prima Geschenkidee: Wie wäre es mit einem Feuerspucker?" „Mit einem was?" fragte Maximilian. „Ein Verwandter von mir arbeitet beim Zirkus. Er ist ein Feuerkünstler und er kann Feuer spucken. Ich kann ihn einladen, dann kann er für Benjamin Feuerkunststücke machen," erklärte Nunu. „Toll", sagte Maria beeindruckt. „Großartig", meinte auch Irmchen, „so was haben wir hier noch nie gesehen. Und er ist ein Verwandter von dir?" „Oh ja", antwortete Nunu, „er ist der Bruder vom Mann meiner Cousine." „Und wird er einfach so kommen?", fragte Irmchen. „Natürlich, er gehört doch zur Familie", sagte Nunu empört. Und so wurde Antonio eingeladen.

Frage: Gehört bei Ihnen der Bruder vom Mann der Cousine auch zum Familienkreis? Wie groß ist Ihr Familienkreis? Wo gibt es Unterschiede bei den Kulturen? Waren die Familien früher größer?

Antonio

Nunu, der portugiesische Zwergesel, verschickte einige Briefe an die Verwandtschaft und fand heraus, wo der Zirkus seines Verwandten Antonio gastierte. Er sandte ihm per Eil-Brieftaube eine Nachricht, dass seine Hilfe und seine Feuerkünste (Antonio ist ein Feuerkünstler) benötigt wurden. Antonio freute sich über die Einladung und sagte sofort zu.

Und so kam es, dass wenige Tage später ein weiterer kleiner Esel auf der Hofmitte stand. „Aaallo“, rief er, „jemand zu Hause?“ „Hallo“, rief Nunu aus seinem Schuppen, „da bist du ja.“ Er lief auf den Hof, um Antonio zu begrüßen. „Wie schön, dich zu sehen“, rief Nunu auf Spanisch und dann verfielen die beiden in einen spanischen Wortschwall. Maria, das Huhn, Maximilian, der Uhu, und Irmchen, die Eule kamen hinzu. Ebenso der Hofhund Karl, dann Lore, das Huhn, und natürlich im Schlepptau die vier Küken. Sie alle standen staunend vor Nunu und Antonio und verstanden nur „spanisch“.

[?] Frage: Wer kennt die Redewendung „nur spanisch“ verstehen? Was ist damit gemeint? (man versteht nichts) Was gibt es noch für Redensarten für „nichts verstehen“? (nur Bahnhof verstehen …) Wie fühlt man sich, wenn man nichts versteht?

Endlich unterbrach Nunu den Wortschwall und wandte sich um. „Darf ich euch meinen Cousin Antonio vorstellen“, sagte Nunu. „Er ist ein spanischer Zwergesel und ein ...“, (Feuerkünstler) wollte er gerade sagen, als er die Küken erblickte. So sagte er lieber nichts und blickte zu Antonio. „Aaallo“, sagte dieser wieder zu den anderen Anwesenden. „Ich leider nix gut Deutsch.“

[?] Frage: Wer kennt das auch, wenn einer gebrochenes Deutsch spricht? Was denkt man dann? Hält man den anderen für doof?

„Ja“, ergänzte Nunu, „meistens ist Antonio in Spanien oder Portugal unterwegs.“ „Ach, das wird schon“, meinte Irmchen munter und begrüßte Antonio per Flügelschlag. Auch die anderen kamen, um Antonio persönlich zu begrüßen. Lore nahm die beiden Esel genauer in Augenschein. In der Größe unterschieden sie sich kaum, aber die Farbe von Antonios Fell war noch dunkler und seine Augen fast schwarz. „Er sieht auch sehr hübsch aus“, dachte Lore und wunderte sich über sich selbst und ihre neue Schwäche für Esel.

[?] Frage: Wer hat noch eine Schwäche für Südländer? Dunkle Haare, dunkle Augen? War jemand mit einem Spanier/einer Spanierin liiert?

[!] Aktion: Reichen Sie ein Foto von Spaniern herum. Wer war schon mal in Spanien? Wo?

Unterdessen hatten Nunu und Karl sich Antonios Koffer geschnappt und brachten alles in Nunus Schuppen. „Dann können wir ja am Wochenende die Geburtstagsparty veranstalten“, sagte Karl. „Wir sollten dem Küken Benjamin Bescheid geben.“ So machten sie es auch und dann wurden eine Menge Einladungskarten und Briefe verschickt. Alle vermissten Frau Fischer, die Störchin, schmerzlich, denn niemand konnte so schnell Nachrichten herumklappern wie sie.

[!] Aktion: Alle die Arme nach vorne ausstrecken und sie auf und zu klappen, wie einen Storchenschnabel. Hände zusammenschlagen, klappert zwar nicht, klatscht aber schön.

„Ich werde den Fischers schreiben, und von der Party berichten“, beschloss Irmchen daraufhin. Aber auch ohne Frau Fischers Hilfe erreichten die Einladungen ihr Ziel. Am Samstagnachmittag war die Hofmitte brechend voll. Zwanzig Küken waren insgesamt erschienen, Benjamin hatte seine gesamte Schulklasse eingeladen. Alle Hofbewohner waren versammelt, des Weiteren hatte Karl den Brauereihund Arno eingeladen und Maria ihre Nichte und deren Mann, den aufgeblasenen Gockel.

[!] Aktion: Alle mal den aufgeblasenen Gockel spielen: Brust raus, Kopf hoch und tüchtig aufblasen!

„Was sind das denn für Typen?“ fragte er seine Frau, als er die beiden Esel erblickte. „Weiß ich nicht“, antwortete

Marias Nichte, „frag mal Tante Maria." „Maria", sagte der Gockel zu Maria, „was sind denn das für komische Typen dahinten? Sind das etwa Ausländer?" Maria, die ja nichts sehen konnte, fragte: „Meinst Du etwa unseren neuen Chorleiter und seinen Überraschungsgast?" „Nein", sagte der Gockel, „ich meine diese beiden dunklen, zotteligen Ausländer-Typen!"

> Fragen: Geht es Ihnen auch so, wenn Sie Ausländer sehen? Fremd und komisch? Manchmal auch zottelig? Haben Sie Vorbehalte gegen Fremde? Welche?

„Die", sagte Maria, „kenn ich nicht. Aber wir haben einen neuen Mitbewohner hier auf dem Hof, Nunu, ein portugiesischer Zwergesel. Er leitet unseren Chor so lange die Fischers weg sind." „Wie bitte", sagte der Gockel, „ihr lasst euren Chor von einem Südländer leiten? Gab es denn keinen deutschen Chorleiter ...?"

Der Gockel holte tief Luft, um sich aufzublasen und noch etwas über Südländer zum Besten zu geben, als Lore ihm mit voller Wucht die Kuchengabel in den Hintern stieß. „Wehe", sagte sie drohend zu dem Gockel, „du sagst noch ein gemeines Wort über Nunu." Der Gockel ließ die Luft ab und verdrückte sich schleunigst. Lore starrte die Kuchengabel in ihrem Flügel an und wunderte sich erneut über sich selbst. So was war ihr noch nie passiert.

> Frage: Haben Sie auch schon einen Freund verteidigt? Haben Sie einen Freund aus einem anderen Land?

Nunu und Antonio hatten von all dem nichts mitbekommen. Beide waren mit den Vorbereitungen für Antonios Feuershow beschäftigt. Sie tauchten Fackeln in brennbare Flüssigkeiten, füllten Schüsseln und Eimer, sortierten Kerzen und banden Antonios Haare eng zusammen, damit diese nicht Feuer fingen. Nach Einbruch der Dämmerung war es endlich soweit. Die Küken waren müde gespielt, saßen in der Hofmitte und knabberten Birnen. (Von dem hofeigenen Birnbaum, welcher unerklärlich viele Früchte spendete.)

[!] Aktion: Reichen Sie einige Birnenstücke zum Knabbern herum.

Nunu betrat die Hofmitte und kündigte das Geburtstagsgeschenk mit großen Worten an. Dann mussten alle Zuschauer zurücktreten, damit niemand verletzt wurde. Und dann ging es los: Antonio jonglierte mit Kerzen, doppelt brennenden Fackeln, sprang durch brennende Ringe und spuckte zum Schluss noch eine gewaltige Menge Feuer.

[!] Aktion: Zeigen Sie Bilder einer Feuershow. Oder laden Sie mal einen Feuerkünstler in Ihre Einrichtung ein. Frage: Wer hat schon einmal so etwas gesehen? Wer hat den Zirkus besucht?

Nicht nur den Küken stand der Schnabel offen. Während der ganzen Show waren sie mucksmäuschenstill gewesen, aber als Antonio geendet hatte, brach ein tosender

Beifall und Jubel los. Antonio verbeugte sich und wischte sich den Schweiß von der Stirn. Mit Maximilians Taschentuch, denn der hatte immer eines dabei. Der aufgeblasene Gockel saß beleidigt in der hintersten Reihe und hielt die Klappe.

Lore hingegen war hingerissen. „Was für ein Mut“, seufzte sie und himmelte Antonio an. Und wundert sich heute über gar nichts mehr.

Religion

Nachdem Antonio, der spanische Zwergesel, seine Feuershow erfolgreich absolviert hatte, gab es endlich Zeit für ein ausführliches Gespräch. Nunu, der portugiesische Zwergesel, und Antonio setzen sich vor den Schuppen und begannen auf Spanisch zu plaudern. „Na", sagte Nunu zu Antonio, „wie läuft es denn im Zirkus?" „Ach", antwortete Antonio, „im Moment ist das alles nicht so schön." „Was ist denn geschehen?", fragte Nunu. „Vielleicht erinnerst du dich noch an Estella, meine Freundin und Partnerin", begann der spanische Zwergesel zu erzählen. „Fünf Jahre waren wir ein Paar, haben gemeinsam gearbeitet und die Welt bereist. Vor einigen Monaten hat der Zirkusdirektor eine neue Tänzergruppe verpflichtet. Könige des Flamencos nennt sich die Bande. Und ein dreißigjähriger Flamenco-Schnösel mit feurigem Blick hat mir meine Estella ausgespannt." In Antonios Augen glitzerten Tränen.

[?] Fragen: Wem ist so etwas auch schon passiert? Dass der Freund/die Freundin von einem anderen weggeschnappt wurde? Wie fühlt sich das an? Wer kennt Flamenco?

[!] Aktion: Zeigen Sie ein Bild von Flamenco Tänzern.

„Wir haben noch weiter zusammengearbeitet", fuhr Antonio fort, „aber es ist die Hölle. Ständig muss ich die beiden zusammen turteln sehen." Er schüttelte energisch den Kopf und wischte sich über die Augen. „Ich glaube, eine Auszeit vom Zirkus wäre ganz angenehm", schloss Antonio. „Du weißt", sagte Nunu, „du bist mein Gast und herzlich Willkommen. Du kannst bleiben, so lange du magst." „Danke", sagte Antonio, „ich freue mich, bei dir zu sein. Und deine Nachbarn scheinen auch nett. Schade, dass ich sie nicht so gut verstehe. Manchmal habe ich Angst, dass sie schlecht über mich sprechen. Oder mich für dumm halten."

[?] Fragen: Hält man einen für dumm, der nicht gut sprechen kann? Oder der nicht gut versteht? Wie kann man noch miteinander reden? (Mit Händen und Füßen)

[!] Aktion: Sagen Sie sich mal nur mit Händen „guten Tag" und „auf Wiedersehn". Zeigen Sie mit den Händen an, dass etwas super ist. (Daumen hoch)

Da kam gerade Karl, der Hofhund, um die Ecke geschlendert. Er sah die beiden Esel vor dem Schuppen sitzen und winkte ihnen zu. „Kommt mit zu uns rüber", rief er ihnen zu, „wir haben ein Fässchen frisches Bier von Arno, dem Brauereihund, geschenkt bekommen." Nunu lächelte, stand auf und sagte: „Wir kommen gerne rüber, aber Bier für mich bitte nicht." Karl machte große Augen. Nunu übersetzte für Antonio die Einladung und dieser schloss sich gerne an. Er nahm auch ein kühles Bier von Maximilian entgegen und sagte: „Ah, Cerveza."(Das ist spanisch und heißt Bier)

Maximilian, der Uhu, reichte auch ein Glas Bier zu Nunu herüber, doch dieser lehnte erneut dankend ab. „Magst du etwas anderes?", fragte ihn Maxi. „Ein Kaffee wäre schön", sagte Nunu. „Kein Problem", meinte Karl und verschwand in den Tischlerschuppen. Dort saßen Maria und Lore, die beiden Hühner, zusammen und arbeitete an einer ihrer Decken. „Maria", bat Maximilian, „kannst du einen Kaffee für Nunu kochen?" „Um die Uhrzeit?", fragte Lore entsetzt und Maria fragte: „Mag er kein Bier?"

[?] Fragen: Ist das komisch, wenn einer kein Bier mag? Wer mag auch kein Bier? Wer trinkt auch am Abend lieber Kaffee als Bier?

„Es sieht so aus", antwortete Maximilian. „Wie sympathisch", dachte sich Lore, die eine Bierfahne nicht leiden konnte. Maria und Lore brachten den Kaffee hinaus und gesellten sich zu der Runde. „Nunu", fragte Lore geradeheraus, „darf ich dich fragen, warum du kein Bier magst?" „Klar", sagte Nunu, „das liegt an meiner Religion. Bei uns ist Alkohol verboten." „Ach", meinte Lore, „und wie heißt diese Religion?" „Ich bin Moslem", erklärte ihr Nunu, „und meine Religion heißt Islam. Ich bin ganz froh darüber, dass wir keinen Alkohol trinken, denn ich habe viel Elend gesehen, das durch Alkohol verursacht wurde. Freunde von mir verfielen ihm, sie verloren Familie, Haus und Hof", schloss er.

❓ Fragen: Kennen Sie einen Moslem? Ist das ungewöhnlich, wenn einer wegen der Religion keinen Alkohol trinkt? Haben Sie erlebt, dass jemand Haus und Hof vertrunken hat?

„Das stimmt", warf nun auch Karl ein, „der Brauereihund Arno kann viele solcher Geschichten erzählen. Aber er erzählt auch lustige Geschichten." „Tja ja", sagte Maximilian, „die Menge macht das Gift."

❓ Fragen: Stimmt dieses Sprichwort? „Die Menge macht das Gift"? Worauf passt das noch, außer zu Alkohol?

Maximilian wandte sich an Antonio: „Bei euch in Spanien, wird da Bier getrunken?" „Ja", sagte Antonio, „aber zu Hause viel Wein." Er malte mit den Hufen Berge in den Sand und eine große Sonne. „So ist zu Hause", sagte er und wies auf die Zeichnung. „Guter Platz. Wein wächst gut." Die anderen verstanden genau und nickten. Lore hing mit den Gedanken jedoch bei der Religion fest. „Ich kenne mich nicht aus mit Religion", sagte sie, „ich habe keine. Aber ich weiß, die Bäuerin geht Weihnachten immer in die Kirche. Sie hat eine Religion. Hat jemand von euch eine?", fragte sie in die Runde.

[?] Fragen: Haben Sie eine Religion? Welche? Ist in dieser Religion auch etwas verboten? (z.B. Freitag Fisch statt Fleisch)

Antonio hatte die Frage nicht verstanden und Nunu übersetzte. „Si“, sagte Antonio, „ich bin katholisch.“ „Gehst Du Weihnachten auch in eine Kirche?“ „Si“, machte Antonio. „Und Du?“, fragte sie Nunu. „Wir feiern kein Weihnachten“, erklärte Nunu, „und unsere Kirche heißt Moschee. Dort treffen wir uns freitags zum Gebet.“

[!] Aktion: Zeigen Sie ein Bild von einer Kirche und einer Moschee herum.

[?] Fragen: Gibt es Gemeinsamkeiten? Wer war schon einmal in einer Moschee? Wer geht zur Kirche?

„Ist Deine Religion wichtig für dich?“, bohrte Lore weiter. Sie fing an, dieses Thema richtig spannend zu finden. „Ja“, meinte der kleine Esel, „das ist sie. Sie gibt mir Halt und Sicherheit. Ich finde Religion etwas sehr Persönliches und jeder kann selbst entscheiden, ob und wie viel Religion er in seinem Leben möchte“, fügte er lächelnd hinzu, „und du kannst mich gerne fragen, wenn du noch mehr wissen willst.“ Das wollte Lore nur zu gerne, aber für den heutigen Abend stellte sie keine Fragen mehr. Sie ging in Gedanken versunken zurück zu ihrem Hühnerstall, dankbar für die neuen Einblicke in das Leben. Leise summte sie vor sich hin: „Die Gedanken sind frei, …“

[!] Aktion: Singen Sie gemeinsam „Die Gedanken sind frei"

„1. Die Gedanken sind frei
wer kann sie erraten?
Sie fliehen vorbei
wie nächtliche Schatten.
Kein Mensch kann sie wissen,
kein Jäger erschießen
mit Pulver und Blei
Die Gedanken sind frei!

2. Ich denke, was ich will
und was mich beglücket,
doch alles in der Still'
und wie es sich schicket.
Mein Wunsch und Begehren
kann niemand verwehren,
es bleibet dabei:
Die Gedanken sind frei!

3. Und sperrt man mich ein
im finsteren Kerker,
das alles sind rein
vergebliche Werke.
Denn meine Gedanken
zerreißen die Schranken
und Mauern entzwei:
Die Gedanken sind frei"

Zahnschmerzen

Irmchen, die Eule, verfasste einen langen Brief an das Storchenpaar Fischer, welches in Afrika weilte. Sie berichtete über die Geburtstagsparty und ihren neuen Gast, den spanischen Zwergesel Antonio. Sie hoffte sehr, dass der Brief sein Ziel erreichen würde, denn er hatte einen langen Weg nach Afrika, in das Land Gambia, vor sich. Auf dem Weg zum Briefkasten traf sie Nunu, den portugiesischen Zwergesel. Dieser machte ein missmutiges Gesicht und hielt sich die Wange. „Hallo Nunu", sagte Irmchen, „was hat dir denn die Petersilie verhagelt?" „Was, wie bitte?", fragte dieser zurück, denn deutsche Redewendungen waren ihm unbekannt. „Ich meine", erklärte Irmchen, „du siehst so missmutig aus. Was ist denn los?"

[?] Fragen: Verstehen Sie auch manchmal die Worte eines anderen nicht? Kennen Sie den Ausspruch „was hat dir die Petersilie verhagelt"? Was bedeutet er? (Schlechter Stimmung sein.) Gibt es andere Redewendungen?

[!] Aktion: Lassen Sie frische Petersilie rumgehen.

„Ach so", sagte Nunu, „es ist nur mein Zahn. Der tut mir weh." Und sein Gesicht wurde noch ein bisschen missmutiger. „Der Zahn?“, fragte Irmchen, „Dann muss man zum Zahnarzt gehen. Der kann helfen.“ Nunu schüttelte energisch den Kopf: „Nein, das kommt gar nicht in Frage.“ Seine Augen weiteten sich vor Entsetzen. Irmchen staunte. So hatte sie Nunu noch nie gesehen. Er schien wirklich Angst zu haben. Vorsichtig fragte sie: „Hast du Angst vor dem Zahnarzt?“

[?] Frage: Wer hat noch Angst vor dem Zahnarzt?

„Und wie!“, antwortete er. „Als junger Esel war ich einmal beim Zahnarzt. Ich bin in einem kleinen Dorf aufgewachsen. Dort gab es keinen Arzt. Wir mussten in die nächste Stadt gehen. Dort haben wir einen halben Tag gewartet. Als wir endlich dran kamen, hat er mit einer riesigen Zange einfach den Zahn herausgezogen. Das tat furchtbar weh und ich war noch tagelang krank. Nein, vielen Dank, kein Zahnarzt für mich“, schloss Nunu.

[?] Frage: Hat jemand eine ähnliche Erfahrung gemacht?

Irmchen lächelte und sagte: „Ich verstehe genau, was Du meinst. Als ich jung war, gab es bei uns auch keine guten Zahnärzte. Der Krieg hatte vieles zerstört und es hat lange gedauert, alles wieder aufzubauen. Aber jetzt haben wir sehr gute Zahnärzte. Tolle Ausbildung, moderne Instrumente, Zähne ziehen nur im Notfall und dann mit Betäubung. Glaub mir, hier hat sich vieles verbessert. Wenn du magst, dann begleite ich dich zum Zahnarzt. Ich wollte sowieso gerade diesen Brief wegbringen.“ Irmchen hielt den Brief für die Fischers vor Nunus Nase. „O.k.“, sagte Nunu, „ich probiere es aus. Aber wenn er eine Zange auspackt, dann haue ich ab.“ „Abgemacht“, sagte Irmchen, und so marschierten die Zwei los.

? Fragen: Wer geht noch zum Zahnarzt? Wer hat eine Prothese? Wer vermisst die eigenen Zähne?

Der Zahnarzt im Dorf war jung und freundlich. Er bat die beiden herein und erkundigte sich nach dem Problem. „Zahnschmerzen“, sagte Nunu und schielte den Arzt misstrauisch an. „Wo denn genau?“, wollte der Arzt wissen, „oben, unten, rechts oder links?“ „Links oben“, sagte Nunu und biss die Zähne fest zusammen. „Darf ich mir den Zahn mal angucken?“, fragte der Arzt. „Aber nur gucken!“, antwortete Nunu streng. Irmchen grinste verstohlen in der Ecke. Der Arzt schaute sich die Sache an. „Betäuben, bohren, füllen“, sagte er entschieden, als er den Kopf aus dem Mund des Esels nahm. „Dauert zehn Minuten und nur einen kleinen Pieck müssen Sie aushalten.“ „Keine Zange?“, fragte Nunu. „Auf keinen Fall“, bekräftigte der Arzt. So ließ er sich das erste Mal in seinem Leben schmerzfrei am Zahn behandeln. „Unglaublich“, nuschelte er durch die betäubte Lippe, „habe nix gespürt.“

! Aktion: Alle mal die Lippe wie betäubt hängen lassen. Zeigen Sie das Bild einer Zange oder geben Sie eine Zange herum.

[?] Frage: Wer musste sich schon einmal mit so etwas den Zahn ziehen lassen?

„Freut mich, freut mich. Dann kannst du bald wieder in eine knusprige Brotkante beißen“, antwortete Irmchen. Sie gingen gerade an der örtlichen Bäckerei vorbei. Aus der Türe wehte ein köstlicher Duft von frischem, warmem Brot. Irmchen sah sich verzückt die Auslage an. Es gab knuspriges Bauernbrot und kräftiges Schwarzbrot, luftige Brötchen und zartes Blätterteiggebäck. Gleich daneben eine saftige Torte. Irmchen blieb vor der Auslage stehen und ihr lief das Wasser im Schnabel zusammen. „Knusprige Brotkanten sind nicht so meins“, sagte Nunu, „ich bin doch eher weiches Weißbrot gewöhnt. Gab's bei uns immer Zuhause. Was isst Du denn am liebsten?“

[!] Aktion: Reichen Sie verschiedene Brotstückchen herum.

[?] Fragen: Welches Brot mögen Sie am liebsten? Gibt es regionale Unterschiede? Wie wichtig ist Brot in Ihrer Ernährung? Viel oder wenig?

„Torte“, antwortete Irmchen wie aus der Pistole geschossen. „Dann sollten wir welche kaufen“, schlug Nunu gut gelaunt vor. „Mögen die anderen auch gerne Torte?“, fragte er Irmchen. „Ja, Torte oder Kuchen, das mögen alle. Aber hast du denn so viel Geld?“ Nunu grinste und hielt eine seiner goldenen Münzen vor Irmchens Schnabel.

Aktion: Zeigen Sie Münzen aus anderen Ländern herum.

Frage: Wer hat auch Münzen aus anderen Ländern? Wer kommt aus einem Land mit anderen Münzen?

„Das sollte reichen“, lachte nun auch Irmchen. Gemeinsam stellten sie ein riesiges Kuchen- und Tortenpaket zusammen. Bienenstich, gedeckter Apfelkuchen, Frankfurter Kranz, Käse-Sahne-Torte, nichts war vor den beiden sicher. Sie ließen alles auf eine große Platte packen und Nunu balancierte alles geschickt auf seinem Rücken nach Hause. „Was gibt es bei euch zu Hause für Kuchen?“ fragte Irmchen interessiert auf dem Heimweg. „Vanilletörtchen“, antwortete er und lächelte bei dem Gedanken an Duft und Geschmack. „Und bei Antonio?“, fragte Irmchen weiter. „Schmalzgebäck mit heißer Schokolade“, antwortete Nunu. „Das schmeckt auch super.“

Frage: Wer mag auch Kuchen oder Torte? Gibt es einen Favoriten? Wer kennt Kuchen aus einem anderen Land?

Aktion: Zeigen Sie Bilder von unterschiedlichen Kuchen, nach Möglichkeit aus unterschiedlichen Ländern. Backen Sie gemeinsam Kuchen aus verschiedenen Ländern.

Irmchen freute sich über die neuen Gäste auf dem Hof. Vielleicht konnte sie Nunu und Antonio, den spanischen

Zwergesel, zum Backen anstiften?! Irmchen war neuen Köstlichkeiten gegenüber immer sehr aufgeschlossen. Während sie noch ihren Backträumen hinterher hing, hatten sie den Bauernhof erreicht. Sie wurden mit großem Hallo begrüßt, denn die anderen hatten sie bereits vermisst. Das „Hallo“ über das Kuchenpaket war allerdings noch größer. Und so verspeisten sie es gemeinsam bis auf den letzten Krümel.

Auszug

Nach vielen Wochen erreichte Irmchen ein Brief aus Afrika. Das Storchenpaar Fischer hatte geschrieben. Frau Fischer bedankte sich bei Irmchen für ihren Brief. Sie freue sich, dass das Küken Benjamin eine so schöne Geburtstagsparty hatte. Sie erzählte, dass nun auch die Kinder in Gambia Geburtstagpartys feiern würden. Früher wäre das freilich anders gewesen. In vielen Familien gab es zehn Kinder und kein Geld oder keine Zeit für Geburtstagsfeiern. Frau Fischer freute sich ebenfalls über den neuen Gast und bedauerte die Feuershow verpasst zu haben. Sie berichtete, dass die Menschen dort am Strand oft Lagerfeuer entzündeten. Das wäre auch sehr schön anzusehen.

? Frage: Wer mag auch Lagerfeuer? Wo haben Sie es gemacht? Strand oder Garten?

! Aktion: Lagerfeuer geht auch sicher, z.B. mit einem Feuerkorb (und einsatzbereitem Feuerlöscher) oder Sie besuchen gemeinsam ein öffentliches Feuer.

Überhaupt ginge es ihnen gut und sie hoffe, es ginge auch allen Bauernhofbewohnern gut. Dann ließ sie noch Grüße an alle ausrichten. Anbei steckte noch eine Fotokarte von einem Traumstrand vor Dschungelkulisse.

[!] Aktion: Zeigen Sie ein Foto mit Traumstrand.

[?] Frage: Wer hätte gedacht, dass es in Afrika so schön ist? War schon einmal jemand dort? An was denken Sie, wenn Sie an Afrika denken?

Irmchen wurde ein bisschen neidisch. Sie ging zu Maria, dem blinden Huhn, hinüber um ihr den Brief der Fischers vorzulesen. Als sie bei Marie hineinkam, war das Huhn Lore bereits anwesend. „Hallo", sagte Irmchen, „ich bringe Neuigkeiten." „Ich auch", antwortete Lore. Irmchen setzte sich und Lore fuhr fort zu erzählen. Eins der Küken, Toto, war sozusagen über Nacht erwachsen geworden. Und nun war es an der Zeit für ihn auszuziehen und ein eigenes Leben zu beginnen. So hatte es auf jeden Fall Toto geäußert. Lore war geschockt, denn sie hatte in ihm immer nur das Küken gesehen. Doch nun war er ein junger Hahn und wollte hinaus in die Welt. Viel zu jung um so etwas Gefährliches zu tun, befand Lore. Irmchen und Maria hörten sich ihre Sorgen an.

[?] Frage: Wer kennt das, wenn man hinaus in die Welt will? Haben Sie Kinder? Wollten diese auch hinaus in die Welt?

Auch Maximilian, der Uhu, hatte sich Lores Sorgen angehört, wenn auch nicht ganz freiwillig. Er sägte im hinteren Teil des Schuppens an einem Schlüsselbrett herum. „Sorgen haben die Mädels", dachte sich Maximilian und beschloss eine Pause von Sägen und Sorgen zu nehmen. Er ging zu Karl, dem Hofhund, hinüber. Dort saßen bereits Antonio und Nunu, die beiden Esel. Sie tranken Milchkaffee, eine Spezialität aus Nunus Heimatland Portugal.

? Frage: Kennen Sie Milchkaffee? Mögen Sie Ihn?

! Aktion: Reichen Sie Tassen mit Milchkaffee.

„Du kommst gerade richtig", sagte Karl und machte Platz für Maximilian. Maximilian setzte sich dazu und erzählte den anderen Männern, was er gerade gehört hatte. Karl fing an zu lachen und sagte: „Meine Mutter war genauso. ‚Aber Karlchen, hat sie gerufen, warum willst du denn ausziehen? Wer macht dir was zu essen? Gefällt es dir denn Zuhause nicht mehr?" Aber es hat nichts genutzt, ich war achtzehn Jahre alt und wollte frei sein.

? Fragen: Wer hat ähnliches erlebt? Wen wollte die Mutter auch nicht gehen lassen? Wer war mit achtzehn volljährig, wer mit einundzwanzig? Wer war Mutter und wollte die Kinder nicht gehen lassen?

„Ich bin schon mit fünfzehn Jahren ausgezogen", erzählte Nunu. „Meine Familie war so arm und ich wollte arbeiten und sie unterstützen. Meine Mutter war sehr dankbar und auch sehr stolz, dass ich Verantwortung übernahm. Das war in unserer Gegend ganz normal. Wie alt ist den Toto?", fragte Nunu nach. „Achtzehn Jahre", sagte Karl grinsend, „wann bist Du ausgezogen, Antonio?“ Nunu übersetzte auf Spanisch und erhielt gleich die Antwort: „War fast die Gleiche wie bei Nunu“, sagte er, „aber Mama hat geweint.“

> [?] Fragen: Wer musste noch früh ausziehen? Wer musste auch früh Verantwortung übernehmen? Welche?

So hatten die vier Herren ihr Thema gefunden und plauderten noch eine ganze Zeit weiter. So zum Beispiel, welche Dinge man beim Auszug mitgenommen hatte, wie die erste eigene Behausung war, wie die Freiheit schmeckte und was man an zu Hause am meisten vermisste.

> [?] Frage: Was haben Sie am meisten an zu Hause vermisst?

Und das erste eigene Fahrzeug. Wie lange man dafür hatte arbeiten und sparen müssen. Und wie unglaublich stolz man gewesen war, als man es das erste Mal gefahren hatte. Die Erinnerungen hierzu waren recht unterschiedlich. Antonio erinnerte sich an einen blauen Vespa-Roller, den er günstig von einem Schwipp-Schwager in Italien bekommen habe. In seiner knappen Freizeit polierte er jedes Chromteil auf Hochglanz. Maximilian hingegen erinnerte sich an eine BMW-Isetta. Ein winziges Gefährt, bei welchem sich die Türe nach vorne öffnete.

[!] Aktion: Zeigen Sie Fotos von Isetta und Vespa-Roller.

[?] Fragen: Wer kann sich an sein erstes Fahrzeug erinnern? Wer hat einen Führerschein? Wer vermisst das Autofahren?

Mit zwei Personen und zwei Koffern war das kleine Fahrzeug schon fast überladen. Was Maximilian nicht daran gehindert hatte, gemeinsam mit seinem Freund nach Italien zu fahren. So plauderten sie noch eine ganze Zeit. Nunus Gedanken waren jedoch bei Lore, die er ins Herz geschlossen hatte. Er beschloss mit ihr über Totos Auszug zu sprechen und klopfte an die Türe des Hühnerstalls. In einer hinteren Ecke saß Lore und machte ein trauriges Gesicht. „Ich habe gehört", sagte er zu ihr, „dass du Sorgen hast." Er setzte sich zu ihr und erzählte ihr die Geschichte seines eigenen Auszugs. Und er erzählte ihr, dass er sich sicher war, dass Lore eine wunderbare Mutter war und stets das Beste für die Küken gab. Und dass irgendwann der Zeitpunkt gekommen ist, loszulassen. Dass alles, was man liebt im Leben, bei einem bleibt. Lore hörte ihm zu und lehnte ihren Kopf an seine starke Schulter, als Nunu geendet hatte.

[?] Fragen: Brauchen Sie auch mal eine Schulter zum Anlehnen, wenn das Leben einem schwer wird? Teilen Sie Ihre Sorgen mit jemandem? Helfen Sie, wenn andere Sorgen haben?

„Danke für deine Worte“, sagte sie und schaute schon etwas glücklicher drein. So saßen sie eine ganze Zeit zusammen, schweigend. Lore tankte Kraft an Nunus Schulter für ihren neuen Lebensabschnitt und Nunu freute sich, seiner neuen Freundin Lore eine Stütze sein zu können.

Ein Todesfall

Eines Tages bekam Maria, das blinde Huhn, einen Brief. Sie ging damit zu Maximilian, dem Uhu, welcher ihn für Maria vorlesen sollte. Maximilian sah schon an dem Umschlag, dass dieser Brief keine guten Nachrichten enthielt. Der Briefumschlag hatte eine schwarze Umrandung. Er sagte es Maria, diese nickte und machte ein sorgenvolles Gesicht. „Hoffentlich nicht der Gockel von meiner Nichte“, dachte Maria. „So wie der sich immer aufregt. Am Ende hat er einen Herzinfarkt bekommen.“

[?] Frage: Kennen Sie noch den aufgeblasenen Gockel, den Mann von Marias Nichte?

[!] Aktion: Blasen Sie sich noch mal auf wie der Gockel, Brust raus, Kopf hoch.

Maximilian öffnete vorsichtig den Brief. Heraus kam eine Klappkarte mit einem schwarzen Kreuz auf der Vorderseite. Im Inneren der Karte war zu lesen, dass die Gans Greta im stolzen Alter von neunzig Jahren friedlich entschlafen war.

[!] Aktion: Zeigen Sie eine solche Karte.

? Frage: Wer kennt eine solche Karte? Macht eine solche Karte Angst?

Sie hatte auf dem Nachbarhof gelebt. Ihre Angehörigen baten alle Nachbarn zur Trauerfeier am kommenden Freitag.

Maximilian las Maria die Karte vor. Marias Gesichtsausdruck schwankte danach zwischen Erleichterung und Kummer. Sie war froh, dass der Gockel keinen Herzinfarkt bekommen hatte und sie war bekümmert, weil sie Greta gekannt und geschätzt hatte.

„Ich gehe natürlich zur Trauerfeier", sagte sie zu Maximilian. „Begleitest du mich?" „Natürlich", antwortete Maximilian und nahm Maria in seine Flügel.

? Frage: Gehen Sie auch nicht gerne alleine zu einer Beerdigung?

Maria begann sich an all die Nachmittage zu erinnern, die sie mit Greta verbracht hatte. Wie oft hatten sie bei einem Kaffee geplaudert. Sich mit Kleinigkeiten ausgeholfen, wenn der anderen etwas fehlte. Greta hatte wunderbare Stricktricks und Kniffe gewusst und sie hatte ihr Wissen gerne mit anderen geteilt. Sie war eine gute Nachbarin gewesen und Maria würde sie vermissen. Ein großer Trost war, dass sie friedlich entschlafen war und nicht, dass der Fuchs sie geholt hatte.

[?] Frage: Ist es tröstlich zu wissen, dass jemand wegen seines Alters gestorben ist?

Auch Frau Fischer, die Störchin, hatte Greta gut gekannt. Sie beschloss, zu Irmchen hinüber zu gehen und ihr den Todesfall zu berichten. Damit sie den Fischers davon schreiben konnten. Irmchen saß mit Antonio, dem spanischen Zwergesel, zusammen als Maria hereinkam. Die beiden hatten gemeinsam einen Deutsch/Spanisch Unterricht begonnen. Antonio wünschte sich, besser Deutsch zu sprechen und Irmchen träumte schon lange davon, eine Fremdsprache zu lernen. „Das hält fit im Kopf", dachte sie sich, „und man lernt eine Menge über eine andere Kultur."

Irmchen hatte ein großes Interesse an alten Kulturen. Irmchen war gerade dabei, Antonio die Laute ‚ä', ‚ö' und ‚ü' beizubringen. Diese Buchstaben und Laute gibt es nicht in der spanischen Sprache.

[?] Fragen: Wer kann auch eine Fremdsprache? Welche? Wer hat schon bemerkt, dass es für andere schwer ist Ä,Ö und Ü auszusprechen? Welche Buchstaben sind in einer anderen Sprache schwer? (zum Beispiel das „th" im Englischen)

[!] Aktion: Sagen Sie mal alle gemeinsam „with", einfach die Zunge zwischen die Zähne stecken und durchpusten. Das gibt ein schönes „th". Wenn nicht, sieht es auf jeden Fall lustig aus.

Antonio mühte sich gerade vergeblich mit dem ‚ü', als Maria hereinkam. Die beiden legten gerne eine kurze Pause ein, als Maria erschien, vor allem Antonio, der die Nase vom ‚ü' gestrichen voll hatte. Maria erzählte Irmchen die Neuigkeiten von Gretas Versterben. Nun machte auch Irmchen ein bekümmertes Gesicht. Sie hatte Greta nicht gut gekannt, aber die Endlichkeit ihres eigenen Lebens kam ihr deutlich zu Bewusstsein. „Sie war gar nicht so viel älter als ich", dachte sich Irmchen, „und sie war immer noch gut in Schuss. So wie ich." Sie seufzte ein wenig.

Fragen: Gehen Ihnen auch solche Gedanken durch den Kopf, wenn Sie von einem Todesfall hören? Haben Sie Angst vor dem Tod?

Antonio hatte nicht alles verstanden, aber die Gesichter der beiden Freundinnen sprachen Bände. „Was passiert?", fragte Antonio Irmchen vorsichtig. „Jemand ist gestorben", antwortete Irmchen. „Oh meine Güte", sagte Antonio erschrocken, „ich Nunu holen, übersetzen helfen." Er ging hinüber zu ihrem Schuppen, um Nunu, den Zwergesel, um Hilfe zu bitten. Dieser hockte mal wieder mit dem Huhn Lore zusammen. Antonio erklärte Nunu die Situation auf Spanisch, dieser übersetzte für Lore auf Deutsch. Dann gingen sie gemeinsam zu Maria und Maximilian hinüber. So erfuhren nun alle vom Versterben der Gans Greta und der anstehenden Trauerfeier. Lore fragte, ob nur Maria eingeladen wäre. Maximilian antwortete, dass die Trauerfeier für alle offen wäre. Daraufhin wollte sie auch gerne mitkommen, denn auch Lore hatte Greta geschätzt.

[?] Fragen: Wer wird in Ihrer Familie zu Trauerfeiern eingeladen? Der engste Kreis? Die ganze Nachbarschaft und Freunde?

Antonio fragte, ob Greta auch zu Hause aufgebahrt werden würde. Diese Frage wurde nicht verstanden und so begann Antonio mit Nunus Hilfe zu berichten: „Bei uns zu Hause werden die Toten drei Tage in ihrem Bett aufgebahrt. Die Fenster werden mit Gardinen verschlossen. Ein Familienmitglied wacht immer bei dem Toten. In diesen drei Tagen kommen alle Nachbarn, um sich von dem Toten zu verabschieden. Danach wird er in einem steinernen Sarg begraben." „Nein", sagte Maria, „hier wird das anders gemacht. Alle Freunde, Nachbarn und Familienmitglieder verabschieden sich von dem Verstorbenen am Grab. Anschließend gibt es eine Trauerfeier."

[?] Fragen: Kennen Sie das Ritual der Aufbahrung? Wer hat schon einmal so etwas erlebt?

„Und wie ist das bei Dir Zuhause?", fragte Lore Nunu. „Na ja", sagte dieser, „bei mir spielt meine Religion eine wichtige Rolle. Ich werde auf der rechten Seite liegend, das Gesicht nach Mekka zugewandt beerdigt. Die Beerdigung geschieht sehr schnell nach dem Tod. Ich werde von meiner Familie zum Grab getragen. Am Grab werden nur meine guten Taten erzählt! Anschließend haben alle Freunde und Nachbarn drei Tage Zeit, meiner Familie ihr Beileid auszusprechen."

? Fragen: Wer kennt noch weitere Rituale? Wünschen Sie sich ein Ritual für Ihre Beerdigung? Welche Rituale gibt es in Ihrer Kultur/Religion nach dem Versterben?

„Wie unterschiedlich doch das Leben ist", meinte Irmchen, „und dann doch wieder gleich. Die drei Tage scheinen bei vielen eine wichtige Rolle zu spielen." „Ja", stimmte Lore zu, „und auch das gemeinsame Abschied nehmen." Nunu lächelte Lore an und sagte: „Gemeinsam ist vieles leichter zu tragen." Und so beschlossen sie, gemeinsam zu Gretas Trauerfeier zu gehen.

Geburt

Irmchen, die Eule, verfasste einen Brief an die Fischers, das Storchenpaar in Afrika. Sie berichtete vom Versterben der Gans Greta und von der Trauerfeier, die sie gemeinsam mit ihren Freunden besucht hatte. Und dass Irmchen seit jenem Tag das Leben noch bewusster genoss, schrieb sie den Fischers auch noch. Doch wie so oft im Leben liegen Freud und Leid dicht beieinander. Denn Antonio, der spanische Zwergesel, erhielt über einen durchreisenden Onkel väterlicherseits die Nachricht, dass seine jüngste Schwester ein Baby erwarte. Er befand sich gerade in Maximilians Werkzeugschuppen und half diesem bei der Bearbeitung seines Schlüsselbretts. Der Onkel väterlicherseits kam in Begleitung von Nunu, dem portugiesischen Zwergesel, zum Tischlerschuppen. Antonio freute sich sehr, seinen Onkel zu sehen und sie fingen lautstark an, sich auf Spanisch zu begrüßen.

[?] Fragen: Begrüßen Sie Ihre Gäste auch lautstark? Oder ist das was für die „temperamentvollen" Länder? Wer bekommt auch Besuch von durchreisenden Verwandten? Bringen diese auch Neuigkeiten aus der Familie?

Der Onkel berichtete gleich von den guten Neuigkeiten und Antonio freute sich sehr, zum dritten Male Onkel zu werden. Er liebte Kinder und er liebte es, Kinder mit seiner Feuerkunst in Erstaunen zu versetzen. Nunu übersetzte für Maximilian, der erzählte es gleich seiner Freundin Maria, dem Huhn, weiter und diese Irmchen. Irmchen hatte den Brief für die Fischers noch nicht zugeklebt und so schrieb sie noch schnell ein paar Zeilen über die guten Neuigkeiten. Dann gingen sie den werdenden Onkel beglückwünschen.

> [?] Fragen: Freuen Sie sich auch über Kinder, die in der Familie geboren werden? Wer ist leidenschaftliche/r Oma/Opa?

Dieser strahlte über das ganze Gesicht. „Ich liebe Kinder“, sagte er, „und ich freue mich über jedes, welches dazukommt. Zur Geburt will ich zu Hause in Spanien sein, um meine Schwester zu beglückwünschen. Bei uns ist es Brauch, dass jedes Baby eine goldene Kette mit Kreuz bekommt. Es soll es beschützen. Dieses Geschenk möchte ich dem neuen Baby gerne machen.“

> [?] Fragen: Wer kennt einen ähnlichen Brauch zur Geburt? Welche Bräuche gibt es in Ihrer Kultur/Religion zur Geburt?

Er hatte auf Spanisch gesprochen und Nunu übersetzte. Irmchen hörte wie immer gespannt zu. Sie fragte Antonio, wo das Kind zur Welt kommen würde. „Krankenhaus“, sagte Antonio, „aber ich geboren zu Hause.“ „Ich auch“, sagte Irmchen, „ich wurde im Krieg geboren. Meine Mutter war alleine und es war bitter kalt. Es war keine leichte Zeit damals für Geburten. Als ich meine Kinder bekam, war alles viel sicherer. Alle gingen ins Krankenhaus. Geburten zu Hause gab es kaum noch. Ich kann mich erinnern, wie mein Mann das erste Mal unsere Tochter gesehen hat. Die ist ja ganz zerknautscht, hat er mir gesagt. Aber er hatte einen großen Strauß Blumen mitgebracht. Als nächstes kam meine Mutter. Sie hatte eine Spieluhr dabei." Vor Irmchens Auge erschienen die Bilder, als sei es gestern gewesen.

[?] Fragen: Wer ist auch zu Hause geboren? Wo sind Ihre Kinder auf die Welt gekommen? Gab es Geschenke? Welche?

„Und was wird es denn, Junge oder Mädchen?", fragte Maria. „Wissen die Eltern schon einen Namen?" „Mädchen Name Carmen-Maria", antwortete Antonio, „Sohn Name Manuel–Pedro. Aber nix sicher wissen. Soll Überraschung sein."

[?] Fragen: In Spanien werden nur Doppelnamen vergeben. Haben Sie einen Doppelnamen? Z.B. Karl-Heinz? Oder einen zweiten und dritten Vornamen? Wie lauten diese?

„Da fällt mir ein", sagte Irmchen, „wie bist du eigentlich zu dem Namen Nunu gekommen?" Sie blickte in Nunus

Richtung. „Das ist nur ein Spitzname", erklärte Nunu. „Mein richtiger Name ist Suleyman. Der wird den muslimischen Babys zusammen mit einem Gebet ins Ohr gerufen. Aber dieser Name ist für viele schwer auszusprechen. Einer meiner Spielkameraden hat eines Tages angefangen mich Nunu zu rufen. Irgendwie ist es dabei geblieben und das ganze Dorf hat mich Nunu gerufen." Der kleine Esel lächelte bei dem Gedanken an wilde Spiele in den Dorfgassen.

[?] Fragen: Wer hatte auch einen Spitznamen? Wie ist es zu diesem gekommen?

„Mein Name", gab Maximilian bekannt, „stammt von einem König ab. 1806 war er der erste König in Bayern. Darauf sind die Bayern noch heute stolz." Die anderen zeigten sich entsprechend beeindruckt.

„Auf jeden Fall", meinte Maria, „würde ich mich riesig freuen wenn Antonios Schwester ein Mädchen bekommen würde. Maria ist ein wunderbarer Name, der wird nie unmodern. Selbst der König Maximilian trug Maria in seinem Vornamen. Dieser Name passt für Jungen und Mädchen. Einfach perfekt."

[?] Fragen: Wie sind Sie zu Ihrem Namen gekommen? Hätten Sie lieber einen anderen Namen? Welchen? Wer hat den längsten Namen? Wer hat die meisten Vornamen?

[!] Aktion: Legen Sie Ihre Namen mit bunten Tüchern vor sich hin. Ein Tuch für jeden Buchstaben.

Maximilian streichelte liebevoll Marias Flügel. Er liebte jede Gemeinsamkeit mit Maria und nun war noch eine hinzugekommen. Maria lehnte sich an Maximilians Schulter. Er flüsterte ihr zu: „Wenn wir uns in jungen Jahren kennengelernt hätten, hätten wir einen Haufen wunderschöner Babys bekommen.“ „Ganz ohne Zweifel“, antwortete Maria. „Wann kommt denn das Baby?“, fragte Irmchen. „Musst du uns bald verlassen, Antonio?“, fragte sie. Irmchen hatte ihren spanischen Gast ganz besonders gern. Ja, fast hatte sie vergessen, dass Antonio nur ein Gast war. Sie staunte über Nunus wochenlange Gastfreundschaft.

Fragen: Wie lange ist bei Ihnen ein Gast willkommen? Ab wann wird der Gast zum Familienmitglied? Drei Wochen oder drei Monate?

„Habe noch etwas Zeit“, sagte Antonio lächelnd, denn auch er verbrachte gerne Zeit mit Irmchen und den anderen Bewohnern des Bauernhofes. So ging Irmchen beruhigt zum Briefkasten, einen weiteren Brief nach Afrika einwerfen.

Aktion: Maximilian arbeitet schon lange an seinem Schlüsselbrett. Wollen Sie es nicht auch einmal versuchen? Aus Sperrholz eine Figur aussägen, lackieren, Schraubhaken anbringen.

Märkte

Da Irmchen, die Eule, wusste, dass ihre Zeit mit Antonio, dem spanischen Zwergesel, begrenzt war, trafen sie sich häufiger zum Deutsch/Spanisch Unterricht. Beide machten gute Fortschritte und waren mit Spaß bei der Sache. Heute waren Bekleidungsstücke dran. Irmchen holte eine alte Hutschachtel hervor. Darin befand sich ein Sommerhut aus Stroh mit roten Kirschen. Irmchen blies den Staub herunter, hielt ihn hoch und sagte: „Ein Hut“. „El Sombrero“, antwortete Antonio.

[!] Aktion: Zeigen Sie einen Hut herum, sprechen Sie gemeinsam „el Sombrero“.

Irmchen stöberte weiter und hielt einen Pullover hoch: „Ein Pullover“. „El Pulover“, antwortete Antonio. „Zu einfach“, meinte Irmchen, „jetzt was Schwieriges.“ Sie hielt ihm ihre Handtasche entgegen. „Eine Handtasche“, sagte sie. „El Bolso“, antwortete Antonio.

[!] Aktion: Das Gleiche mit Pullover und Handtasche durchführen.

Er nahm Irmchens „el Bolso“ näher in Augenschein. „El

Bolso sehr alt“, sagte er und schaute Irmchen an. „Ja, das stimmt“, sagte sie und beäugte ihre Handtasche. Sie hatte diese lange nicht mehr betrachtet. Der Stoff war abgewetzt, der Reißverschluss schloss nicht mehr richtig, die Knöpfe waren matt und stumpf geworden. „Ich könnte wirklich eine neue gebrauchen“, sagte sie. „Si“, sagte Antonio, „wir gehen Markt, neue kaufen. Ich gebe dir Begleitung.“ „Sehr gerne“, sagte Irmchen, „aber der Markt ist immer nur mittwochs. Und dort gibt es nur wenige Handtaschen.“ „Na sowas, bei uns Markt jeden Tag. Was nun?“, fragte Antonio.

[!] Aktion: Zeigen Sie Bilder eines spanischen Marktes und eines deutschen Marktes.

[?] Fragen: Wo gibt es Unterschiede? Wer kauft auch gern auf dem Markt? Wer war schon einmal im Ausland auf dem Markt/Basar?

„Wir müssen in die nächste Stadt. Dort gibt es ein Geschäft für Taschen, Koffer, Schirme und so weiter“, antwortete Irmchen. Antonio staunte immer noch darüber, dass es nur einmal wöchentlich einen Markt gab. Bei ihm Zuhause gab es täglich einen Markt. Und auf diesem Markt konnte man alles kaufen, was ein Haushalt so brauchte. Er kannte die modernen Einkaufsstraßen, doch war er ihnen immer fern geblieben. Er bevorzugte das Einkaufen unter freiem Himmel. Er liebte das Geschrei der Markthändler, das Feilschen um einen guten Preis, das Gedränge der Menschen und die vielfältigen Düfte, die einem in die Nase stiegen.

[?] Frage: Wonach riecht es auf dem Markt?

[!] Aktion: Lassen Sie ein Stück Fisch, einen frischen Apfel und ein Stück „Stinke-Käse“ herumgehen. Es ist gut, wenn die Dinge einen sehr deutlichen Geruch haben.

[?] Frage: Wo kaufen Sie lieber ein? Auf dem Markt oder in einem Geschäft?

Da er aber Irmchen seine Begleitung versprochen hatte, machte er sich zum ersten Mal auf den Weg in ein Geschäft. „Wir nehmen den Bus“, bestimmte Irmchen. „Zum Laufen ist es zu weit.“ Antonio nickte ergeben, mit einem Bus war er auch noch niemals gefahren. „Andere Länder, andere Sitten“, sagte er sich und beschloss die Dinge so zu nehmen, wie sie kommen.

[?] Fragen: Wer hat auch schon andere Sitten in anderen Ländern erlebt? Wer ist schonmal in einem anderen Land Bus gefahren? Oder in einer anderen Stadt? Das kann auch ein Abenteuer sein …

So fuhr er zum ersten Male mit dem Bus. Am Anfang wurde ihm ein wenig schwindelig in den Kurven, aber ansonsten ging alles gut. Gut gelaunt erreichten die beiden die Einkaufsstraße der kleinen Stadt. Irmchen steuerte geradewegs in den Handtaschenladen „Tischlers tolle Taschen“ hinein. Antonio hintendrein. Hinter der Ladentheke stand Frau Tischler. „Irmchen“, rief sie aus, „ich habe Sie ja ewig nicht gesehen." Irmchen und Frau Tischler tauschten schnell die neuesten Informationen aus. Dann kam Irmchen zu ihrem Anliegen, eine neue Handtasche. Sie probierte die unterschiedlichsten Modelle, aus Stoff, Leder oder Lack, doch am Ende entschied sie sich für eine Strohtasche.

[!] Aktion: Lassen Sie Taschen aus unterschiedlichen Materialien herumgehen.

[?] Fragen: Gibt es ein Lieblingsmaterial? Welche ist die schönste Tasche? Haben Sie eine Lieblingstasche? Haben Sie Ihre Tasche immer dabei?

„Passte toll zum Hut", meinte Antonio und nickte zustimmend. Zufrieden schlenderten die Beiden aus „Tischlers tolle Taschen" heraus. „Wohin nun?", fragte Antonio. „Ein Kaffee und ein Stück Kuchen wären genau das Richtige", dachte Irmchen laut nach. Sie steuerten ein Straßencafé an und nahmen an einem Tischchen Platz. Das Tischchen stand auf der Straße, gemeinsam mit weiteren Tischchen. Umgeben wurde das Ganze von einigen Blumenkübeln. „Ein Straßencafé", strahlte Antonio, „wie zu Hause."

[!] Aktion: Zeigen Sie ein Bild eines Straßencafés.

[?] Fragen: Wer mag auch Straßencafés? Wer kennt diese aus dem Süden? Aus anderen Ländern?

Er nahm Platz, sie bestellten Kaffee und Kuchen und dann fing Antonio an zu schwärmen. Von den Straßencafés seiner Heimat, von dem Leben auf der Straße bis tief in die Nacht, von Fiestas und großen Familienfeiern. Irmchen hörte wie immer begeistert zu, dann fragte sie Antonio: „Du vermisst dein Zuhause sehr, nicht wahr?“ „Ja“, sagte Antonio, „ich vermisse Espania. Und wenn ich in Espania bin, vermisse Deutschland. Eigentlich habe ich immer Heimweh.“ „Was vermisst Du an Deutschland?“, fragte Irmchen. „Gutes Geld für gute Arbeit“, antwortete Antonio, „und man darf frei reden, was man denkt. Meine Freunde und Bratkartoffeln“, schloss er grinsend.

Frage: Was würden Sie an Deutschland vermissen? Wer hat auch Heimweh? (Das gilt auch für die, die aus einer anderen Region Deutschlands stammen.)

„Aber immer Heimweh haben, dass fühlt sich sicher schlimm an?“, fragte Irmchen. „Ist nicht immer, nein“, meinte Antonio. „Manchmal ist wie zwei Seelen in meiner Brust. Eine Espania, eine Deutsch.“

Frage: Kennt jemand das Gefühl? Wenn man zwei Dinge gleich gerne hat? Und sich nicht entscheiden kann? Wer fühlt sich auch in zwei Nationen daheim?

Er lächelte. „Du kannst mit mir kommen“, sagte Antonio, „du kannst bei mein Familie wohnen. Kein Problem. So lange bleiben, wie du willst. Alles selbst sehen, wovon ich erzählt." Irmchen war überaus gerührt. Sie nahm Antonio in ihre Flügel und drückte ihn. „Ach Antonio, das ist so lieb", sagte sie, „aber ich fürchte, ich bin zu alt für eine solche Reise. Ich freue mich aber sehr über Post aus Spanien, so kann ich in Gedanken mit Dir reisen." Antonio drückte nun auch Irmchen. „Versprochen", sagte er, „und ich komme dich wieder besuchen." „Du bist mein Lieblingsgast", antwortete Irmchen, und gemeinsam gingen sie zufrieden nach Hause.

Zwei Herzen

Endlich erreichte die Eule Irmchen Post aus Afrika. Die Fischers, das Storchenpaar, hatten geschrieben. Sie bedauerten, dass die Gans Greta Verstorben war. Sie berichteten, dass sie in einer Schule ihr neues Zuhause bezogen hatten. Auf dem Dach der Schule gab es eine Solaranlage, ein Windrad speiste einen Generator, ein eigener Brunnen sorgte für allzeit frisches Wasser.

[?] Fragen: Wer hatte auch ein Windrad oder einen Brunnen am Haus?

[!] Aktion: Nehmen Sie ein kleines Windrad, jeden pusten lassen. Wer treibt das Windrad am schnellsten an? Wer am längsten?

Sehr modern sei alles geworden, schrieb Frau Fischer und die Kinder wären glücklicher. Keiner würde sie verjagen, die Kinder seien sehr freundlich zu ihnen. Sie genössen die Sonne und in der Mittagszeit den Schatten der Mangobäume. Aber sie würden auch alle vermissen und Herr Fischer schrieb am Rande eine Notiz, dass er sich nach Bratkartoffeln sehnen würde. Sie ließen alle grüßen und legten das Foto eines Mangobaumes dazu.

[!] Aktion: Zeigen Sie das Foto eines Mangobaumes. Lassen Sie einige Stückchen Mango zum Probieren herumgehen.

[?] Fragen: Wer hätte gedacht, dass es solche Früchte in Afrika gibt? Welche Früchte wachsen dort noch? (Bananen, Orangen, Erdnüsse ...)

Er war riesengroß, saftgrün und wunderschön. Irmchen seufzte auf bei dem Anblick. Sie dachte: Bei den Fischers ist es so ähnlich wie bei Antonio, dem spanischen Esel. Sie haben auch zwei Herzen in der Brust, eines für Deutschland, eines für Afrika. Sie fragte sich, ob es wohl allen so ginge, die in ein anderes Land ausgewandert waren.

Sie beschloss Nunu, den portugiesischen Esel, aufzusuchen, um ihn zu befragen. Dieser saß, wie so oft, mit Maximilian, dem Uhu und alten Tischlermeister, zusammen und sägte an etwas aus Holz herum. „Hallo Irmchen", begrüßten sie Irmchen. „Hallo ihr zwei", sagte Irmchen. „Störe ich? Ich wollte Nunu gerne etwas fragen." „Nein, du störst nicht", meinte Maximilian. Irmchen erzählte von ihren Gedanken, ob wohl alle Menschen zwei Herzen in der Brust hätten, welche in zwei Ländern zu Hause waren. „Und nun wollte ich wissen", schloss Irmchen, „ob es bei Dir auch so ist."

„Ja", antwortete der kleine Esel, „genauso ist es bei mir auch. Ich vermisse Portugal. Aber ich liebe auch Deutschland. Zwei Herzen in einer Brust."

[?] Fragen: Können Sie es sich vorstellen, wie sich das anfühlt, zwei zu Hause zu haben? Oder sich nirgends so richtig zu Hause zu fühlen? Ist jemand schon einmal ausgewandert?

Er lächelte und fuhr fort: „Aber meine Zeit hier ist ja auch begrenzt. Im Frühling kehren die Fischers zurück. Und der Chor hat seinen Leiter wieder. Dann werde ich wohl nach Hause aufbrechen und meine Familie besuchen. Sie fehlen mir alle." Irmchen nickte, fast hatte sie diese Antwort erwartet. Aber Maximilian nicht. „Wie?", fragte er, „nach Hause? Du bist doch jetzt hier zu Hause!" In diesem Moment kam das Huhn Lore aus dem Tischlerschuppen heraus. Sie sah erschrocken aus. „Du willst weg?" fragte sie und starrte fassungslos zu Nunu. Dann setzte sie sich auf ihren Hintern, schaute zu Boden und begann zu weinen.

[?] Fragen: Wem fehlt auch seine Familie in der Ferne? Wer möchte auch gerne aufbrechen? Wen möchten Sie am liebsten treffen?

Nunu eilte bestürzt zu ihr hin. „Aber, aber ...", begann er, „ich will doch nicht weg. Aber ich bin doch nur euer Gast ..." „Bist du nicht", schniefte Lore, „du gehörst zu uns und sollst nicht weg gehen." „Genau", sagte Maximilian. „Sieht so aus", sagte Irmchen, „dass wir uns alle schon an dich gewöhnt haben. Wir haben dich schon gar nicht mehr als Gast gesehen. Und wir haben nicht daran gedacht, dass du uns wieder verlässt!"

[?] Frage: Wo fühlen Sie sich zu Hause?

Lore stöhnte leise bei den letzten Worten auf. Irmchen nahm Maximilian beim Flügel und sagte leise: „Ich glaube, wir sollten die beiden mal alleine lassen.“ Sie gingen zu Maria in den Tischlerschuppen hinein und schlossen leise die Türe. Lore sagte: „Ich habe dich so gerne in meiner Nähe, ich komme mit, wenn du weg gehst. Ich will bei dir bleiben.“ Erschrocken schlug sie sich den Flügel vor den Mund. Dass sie weg wolle, hatte sie noch nie gesagt. Nunu antwortete sogleich: „Das geht nicht, einfach so mitkommen. Wer soll dann auf die Küken aufpassen?“

[?] Fragen: Wollten Sie auch schon einmal von zu Hause weggehen und sind dann doch geblieben? Wer ist aus Liebe von zu Hause weggegangen?

Er nahm Lore in den Arm. „Ich will ja jetzt noch nicht weg und ich muss auch nicht weg. Ich bin sehr gerne mit dir zusammen und ich möchte auch mit dir zusammen sein. Ich bleibe gerne bei dir und all den anderen. Aber eines Tages muss ich meine Familie besuchen. Und bis dahin finden wir eine Lösung für die Küken.“ Nun war Lore beruhigt. Sie hörte auf zu weinen. Und ganz langsam fing sie an zu lächeln. Und als Nunu ihr einen Kuss gab, konnte sie gar nicht mehr aufhören zu strahlen.

[?] Fragen: Lächeln Sie auch, wenn Sie einen Kuss bekommen? Können Sie sich an Ihren ersten Kuss erinnern?

[!] Aktion: Werfen Sie einander „Kusshände“ zu.

Maximilian, der heimlich an der Türe gelauscht hatte, kam strahlend heraus: „Da bin ich aber froh, dass du nicht weg willst. Wer soll mir denn bei der Sägerei helfen?“, rief er Nunu zu. Auch Irmchen und Maria kamen wieder hinaus. „Wir würden uns wirklich freuen, wenn Du bei uns bleibst. Auch wenn die Fischers wieder da sind“, sagte Irmchen. „Danke“, sagte Nunu, „ich bleibe wirklich gerne. Es ist schön zu wissen, wenn man noch ein Zuhause hat, wo man geliebt wird“, schloss er noch an und lächelte Lore an. Diese kam aus dem Strahlen nicht mehr heraus, ja am liebsten hätte sie rund um ihren Kopf gelächelt. Und so wurde aus einem Gast ein Freund und Partner.

Der schönste Spaziergang des Lebens

Lore, das Huhn, und Nunu, der portugiesische Zwergesel, machten gemeinsam einen Spaziergang. Vor wenigen Tagen war Antonio, Nunus Cousin, nach Spanien abgereist. Nun hatten Nunu und Lore mehr Zeit füreinander. Sie spazierten gerade an einer Tischtennisplatte vorbei. „Das macht Spaß“, sagte Nunu und wies zu der Tischtennisplatte hinüber. „Wirklich?“, fragte Lore. „Manchmal habe ich den Küken zugeschaut, aber es nie selbst probiert.“ „Wollen wir?“, fragte Nunu. „Aber ich habe keinen Schläger und keinen Ball“, antwortete Lore. Nunu winkte ab und lachte.

[!] Aktion: Reichen Sie Tischtennisbälle und Schläger herum.

[?] Fragen: Haben Sie mit so etwas schon gespielt? Profi oder Amateur-Liga? Wer hat andere Ballspiele gespielt, z.B. Federball? Welche Ballspiele gibt es noch?

Er begann in den Büschen rund um die Tischtennisplatte zu suchen. Nach wenigen Minuten tauchte er mit einem Tischtennisball wieder auf. Er reichte ihn Lore. „Moment noch“, sagte er. Dann ging er davon und kam kurze Zeit später mit zwei Kartons zurück. Einer war mit einem Rasierapparat bedruckt, der andere schlicht schwarz. „Schläger", sagte er und reichte den schwarzen Karton zu Lore. Dann zeigte er ihr, wie man mit dem Karton schlägt. Genauso, wie mit einem Tischtennisschläger. Und wie man den Ball übers Netz kriegt. Und wieder auffängt. Dann spielten sie die erste Proberunde. Lore war ein Naturtalent. Nach kurzer Zeit schockte sie Nunu mit einem unhaltbaren Schmetterball.

[!] Aktion: Nehmen Sie zwei Kartons (Größe Rasierapparat-Verpackung). Versuchen Sie, damit den Ball zu schlagen. Das geht auch am Tisch. Es gibt Netze im Sportgeschäft, die man an den Tischkanten festschrauben kann. Ein Vierkantholz in der Tischmitte tut es aber auch.

Lachend und prustend setzte sich Lore auf eine Parkbank. „Du hast recht", sagte sie lachend, „das macht wirklich Spaß. Ich fühle mich wie ein junges Mädchen." „Magst Du Sport?", fragte Nunu Lore. „Weiß nicht", sagte Lore, „hab noch nie viel Sport gemacht." „ Ich mag Sport", erzählte Nunu, „ich spiele sehr gerne Fußball. Wandern finde ich auch gut!" „Das sehe ich", sagte Lore und tätschelte entzückt die Muskeln an seinen Beinen.

[?] Fragen: Wer mag auch gerne Sport? Welchen? Ist „Sport Mord", oder doch eher gesund?

Lachend und plaudernd setzten sie ihren Spaziergang fort. Der Herbst hielt Einzug. Langsam färbte sich das Laub und die Bauern sahen zu, dass sie die Früchte der Felder einfuhren. Die letzten Heuhaufen lagerten zum Trocknen in der Sonne. „Schön, so ein frischer Heuhaufen“, sagte Lore und steckte ihren Schnabel tief in den Haufen hinein. Nunu nahm Anlauf und sprang mitten in den Heuhaufen hinein. Er legte sich auf den Rücken, kaute an einem Heuhalm und sagte: „Das finde ich auch.“

Aktion: Reichen Sie frisches Heu herum (Vorsicht bei Allergikern), lassen Sie es riechen und berühren, auch auf einem Heuhalm kauen ist ok.
Zeigen Sie Fotos von Heuhaufen, Heuwagen oder ähnliches.

Frage: Haben Sie auch schon im Heu gelegen?

Lore legte sich neben ihn und sie betrachteten gemeinsam die Wolken. „Wie bist Du auf die Idee mit den Kartons gekommen?“, fragte Lore Nunu. „Ich habe schon erzählt“, sagte Nunu, „dass ich aus einer großen Familie stamme. Wir waren arm und hatten kein Geld für Spielzeug. Also haben wir uns unser eigenes Spielzeug gebaut. Flugzeuge aus Wäscheklammern zum Beispiel.“ „Den Kindern geht es gut heutzutage“, meinte Lore und dachte an die Küken. „Aber manchmal denke ich, ihnen fehlt die Phantasie.“

Frage: Haben Sie auch Spielzeug selbst gebaut? Welches?

„Mag sein“, erwiderte Nunu, „in einem reichen Land aufzuwachsen hat Vor- und Nachteile. Wenn man wenig hat, dann halten die Leute mehr zusammen. Aber es ist auch schön, es immer warm zu haben und satt zu Essen auf dem Teller.“ Lore schaute in die Wolken, nachdenklich. Noch nie hatte sie die Dinge so gesehen. Vieles in ihrem Leben war zu einer Selbstverständlichkeit geworden.

? Fragen: Halten die Menschen mehr zusammen, wenn Sie arm sind? Hatten Sie immer genug zu essen auf dem Teller?

Während Lore noch über ihren stets gut gefüllten Teller nachdachte, hatte Nunu heimlich etwas aus einer kleinen Tasche hervorgeholt. Es war ein goldener Ring. Er hielt ihn verborgen und schaute Lore liebevoll an. Den Ring hatte er aus einer seiner Goldmünzen fertigen lassen. Auf dem Rücken des Ringes war noch deutlich die Prägung der Münze zu erkennen. Im Inneren jedoch war er glatt poliert und trug eine Inschrift. „Lore und Nunu“ war dort zu lesen. Auch ein Herz war neben den Namen eingraviert.

Er stupste Lore sanft an und sagte zu ihr: „Ich habe ein Geschenk für dich.“ Lore schaute auf und Nunu überreichte ihr den Ring. „Ich möchte dich bitten“, sagte er, „meine Frau zu werden. Dieser Ring soll mein Versprechen sein. Möchtest du ihn annehmen?“ Lore schaute mit großen Augen erst Nunu an und dann den goldenen Ring. Der Ring funkelte wunderschön in der Sonne und Nunus dunkle Augen funkelten genauso schön. „Ja“, sagte Lore überwältigt, „ich werde gerne deine Frau.“ Sie nahm den Ring andächtig und schob ihn auf ihren Flügel. Er passte wie angegossen. Dann lagen sie sich in den Armen und sagten lange nichts.

Fragen: Können Sie sich an Ihren Heiratsantrag erinnern? Den Verlobungsring? Hat noch jemand seinen Verlobungsring?

Aktion: Zeigen Sie sich gegenseitig Ihre Eheringe, schauen Sie die Gravuren an.

„Was für ein wunderschöner Ring“, sagte Lore, als sie sich ein wenig von Nunu löste. Sie erkannte die Prägung auf der Rückseite. „Aus einer Deiner Münzen?“, fragte sie staunend. „Genau“, lächelte Nunu, „das ist bei uns in der Familie so Brauch. Um etwas zu besiegeln, lässt du aus Münzen ein Schmuckstück machen. Das gibst du der Person, mit der du einen Bund besiegeln willst.“

Fragen: Gibt es einen solchen Brauch in Ihrer Familie? Ein Ring, der von Mutter zu Tochter weitergeben wird? Ein Familienschmuckstück?

„Ein ganz wunderschöner Brauch“, meinte Lore und betrachtete verliebt ihren Ring. Sie fühlte sich immer noch, als wäre sie fünfzehn Jahre alt. Und sie war sich ganz sicher, dass das der schönste Spazierganz ihres Lebens war.

Die Hochzeit

Ein Heiratsantrag und ein goldener Ring lassen sich nicht lange geheim halten. So erging es auch dem Huhn Lore und ihrem Verlobten, dem Zwergesel Nunu. In Windeseile hatte sich die Neuigkeit unter den Bauernhofbewohnern verbreitet. Und nicht nur dort! Irmchen, die Eule, schickte direkt einen Brief über die anstehende Hochzeit an die Fischers nach Afrika und einen Brief an Antonio, den spanischen Zwergesel. Alle waren unglaublich aufgeregt, eine Hochzeit hatte der alte Bauernhof schon lange nicht mehr erlebt. Lore und Nunu saßen in seinem Stall zusammen und staunten über die Aufregung, welche sie verursacht hatten. „Wir müssen“, sagte Lore, „ein paar eigene Pläne entwickeln. Ich glaube sonst planen die anderen unsere Hochzeit.“ Damit hatte sie völlig Recht. Denn in der gleichen Zeit steckten Irmchen und Maria ihre Köpfe zusammen.

[?] Fragen: Was gehört noch alles zu einer Hochzeit? So eine Hochzeit macht ganz schön viel Arbeit, nicht wahr?

[!] Aktion: Zeigen Sie alte Hochzeitsfotos. Wer hat noch eigene Fotos? Bitte zeigen!

„Rosensträuße, weiße Tischdecken, Glückwunschgirlande …“, dachte Irmchen laut nach und Maria ergänzte:

„Brautkleid und Schleier vom Dachboden holen, Termin beim Schneider machen …"

Die zwei Freundinnen waren ganz aus dem Häuschen. Maximilian, der Uhu, und Karl, der Hofhund, gesellten sich zu ihnen. „Übertreibt ihr nicht ein wenig?", fragte Karl grinsend und setzte sich. „Überhaupt nicht", meinte Maria, „eine Hochzeit ist ja soo romantisch."

[?] Fragen: Ist eine Hochzeit romantisch? Oder eher etwas Praktisches?

Karl blickte vielsagend zu Maximilian herüber. „Habt ihr schon Lore und Nunu gefragt, was sie sich wünschen?" bohrte Karl, der Hofhund, weiter. „Nöö", gab Irmchen kleinlaut zu. Sie dachte eine Weile nach und sagte dann: „Komm Maria, wir gehen die beiden fragen. Dann können wir ihnen gleich unsere tollen Ideen vorstellen." So gingen alle gemeinsam zu Nunus Stall hinüber. Der Herbst war da. Die Bäume färbten sich in den schönsten Farben, einige streckten bereits knochig, kahle Finger in den Himmel.

[!] Aktion: Reichen Sie Herbstlaub herum.

Ein wenig melancholisch betrachtete Irmchen die Bäume. Sie fühlte den nahenden Winter und dachte an Antonio im sonnigen Spanien. Sie bedauerte ein wenig, Antonios Einladung nach Spanien ausgeschlagen zu haben. Wenn es kalt und feucht wurde, schmerzte ihr rheumatischer Flügel besonders.

Fragen: Wem geht es genauso, wenn es kalt und feucht wird? Wo schmerzt es dann?

Glücklicherweise war es in Nunus Stall warm und behaglich. „Wir wollten mit euch wegen der Hochzeit sprechen“, erklärte Irmchen, „und wir wollten uns nach euren Wünschen erkundigen.“ „Wir sprachen gerade darüber“, sagte Nunu. „Ich habe ein paar Wünsche“, fuhr er fort. „Ihr wisst ja, ich bin muslimisch. Ich wünsche mir, dass ein muslimischer Geistlicher die Trauung vollzieht.“ „Müssen da nicht beide dem muslimischen Glauben angehören?“, fragte Irmchen. „Nein“, antwortete Nunu, „nur einer muss Moslem sein, das reicht. Unser Pastor heißt Iman. Mit ihm muss ich auch einen Ehevertrag vor unserer Hochzeit aufsetzen. Damit, im Falle meines Todes, Lore abgesichert ist.“ Irmchen schwieg beeindruckt. Für den Todesfall vorzusorgen, fand sie sehr verantwortungsvoll.

Fragen: Wo haben Sie geheiratet? Standesamt, Kirche oder Moschee? Hat jemand Silberne oder Goldenen Hochzeit gefeiert?

Maria wandte sich an Lore: „Und welche Wünsche hast du?“ „Oh“, antwortete Lore, „also ich brauche etwas Altes, etwas Neues und etwas Blaues. Das alles soll Glück für dic Ehe bringen. Dann möchte ich ein umwerfendes Brautkleid und Schuhe, so schön wie von einer Prinzessin.“

Fragen: Kennen Sie diesen Brauch? Oder einen anderen Brauch der Glück bringt? (Z.B. Hufeisen über die Türe nageln.)

„Ich hätte da etwas Umwerfendes auf dem Dachboden …“, fing Maria an und dann ging ein endloses Planen los. Man verständigte sich auf einen Termin vor Weihnachten, Gästelisten wurden aufgestellt und Essenspläne geschmiedet. Natürlich blieben doch so einige Pläne geheim. So einigten sich alle Bewohner des Bauernhauses für das Brautpaar Spalier zu stehen und nach vollzogener Trauung mit Reis zu werfen. Ebenfalls sollte das Brautpaar gemeinsam einen Baum zersägen, um gemeinsame Tatkraft zu beweisen.

Fragen: Wurden Sie auch mit Reis beworfen? Oder mussten andere Aufgaben bestehen? Kennen Sie weitere Bräuche? (Z.B. gemeinsam Baumstamm zersägen.)

Karl, der Hofhund und passionierte Bäcker, bekam den Auftrag sich um die Hochzeitstorte zu kümmern. Nunu hingegen war damit beschäftigt, eine wunderschöne Morgengabe für Lore zusammenzustellen. In seiner Religion war es üblich, der Braut nach der Hochzeitsnacht Schmuck zu überreichen. Lore hatte nur ein Ziel: wunderschön zu sein. Dafür machte sie eine Diät, um in Marias altes Brautkleid zu passen und verbrachte unzählige Stunden im Schuhgeschäft des kleinen Ortes.

[!] Aktion: Zeigen Sie alte Fotos von Brautkleidern oder, wenn Sie haben, ein echtes herum.

[?] Fragen: Wie sehen Brautkleider in anderen Kulturen aus? (Indische Brautkleider sehen wirklich aus wie Prinzessinnen-Kleider). Wer wollte auch schön wie eine Prinzessin sein? Wer bekam von seinem Ehepartner ein schönes Hochzeitsgeschenk oder eine Morgengabe? Welches?

Endlich war der große Tag gekommen. Viele Gäste hatten sich versammelt, selbst der aufgeblasene Gockel war gekommen. Er hatte eigentlich nicht gewollt, aber seine Frau (Marias Nichte) hatte mit Scheidung gedroht. So hatte er sich in sein Schicksal gefügt. Er verstand immer noch nicht, was Lore an diesem Südländer so toll fand. Das Hochzeitsfest wurde ein großer Erfolg. Lore war wunderschön, Nunu stolz und glücklich. Die Torte war köstlich und der Iman (moslemischer Geistlicher) fand rührende und passende Worte für das Brautpaar.

Der Chor sang einige ausgewählte Liebeslieder und alle überreichten nützliche und unnütze Geschenke.

[?] Fragen: Welche Geschenke sind nützlich für ein Hochzeitspaar? (Z.B. Geld) Welche Geschenke sind unnütz? (Zehn Pizzateller)

Irmchen und Maria saßen glücklich zum Ende des Tages beieinander. „Anstrengend war es“, meinte Irmchen, „aber es hat die Mühe gelohnt. Eine wunderbare Hochzeit.“ „Ja“, stimmte Maria zu, „da möchte man glatt selbst noch einmal heiraten.“ Irmchen drückte Maria und erwiderte: „Aber erst im nächsten Jahr.“

Geschenke und ein Schlüssel

Heute hatten die Fischers, das Storchenpaar, ihre Post aus Afrika an das Brautpaar geschickt. Das Huhn Lore staunte über ein kleines Paket, welches der Postbote ihr auslieferte. Darin war ein großes, schönes, buntes Tuch. Es leuchtete in allen Farben eines Sonnenuntergangs. Dazu schrieb Frau Fischer: „Herzlichen Glückwunsch zur Hochzeit. Dieses schöne Tuch soll euer neues Heim schmücken."

Dann beschrieb sie ausführlich, wie in Afrika geheiratet wurde. Eine wichtige Rolle spielen hierbei die Kühe. Wenn ein Mann eine Frau heiraten wollte, musste er den Eltern der Frau Kühe anbieten. Zwei bis drei Kühe waren ein gängiger Preis. Ein Unterhändler wurde gesandt, der zwischen den Familien den Brautpreis aushandelte. Dieses Prozedere konnte sich über Tage hinziehen. Erst wenn beide Familien zufrieden waren, durfte geheiratet werden. Lore dachte daran, dass das Wort „Kuhhandel" auch in Deutschland benutzt wurde.

? Fragen: Kennen Sie solche Traditionen? Wer hat seinen Ehepartner auch über die Familie gefunden? Was beschreibt das Wort „Kuhhandel"? (Undurchsichtiges Geschäft mit Nebenabreden)

Lore lächelte und dachte, wie nah sich doch die Menschen

dieser Welt waren. Die Fischers ließen wie üblich alle grüßen und legten dieses Mal ein Bild einer afrikanischen Kuhherde bei.

[!] Aktion: Zeigen Sie das Bild einer Kuhherde.

[?] Frage: Wer weiß, was eine Kuh kostet? (800–1400 €, das sind so 1600–2800 Deutsche Mark)

Lore betrachtete das leuchtend bunte Tuch und beschloss es als Gardine zu verwenden. Auch Antonio, der Zwergesel, aus Spanien hatte geschrieben. Er schickte eine riesige Packung von köstlichem, spanischem Kakao, ein Säckchen voller Orangenblüten mit dreizehn Goldmünzen. Er schrieb auf Spanisch, dass er alles Glück der Welt wünsche. Die Goldmünzen habe er dazugelegt, damit Nunu sie an Lore übergeben möge. Antonio vermute, dass ein Fest mit zweihundert Personen Nunus Barschaft aufgebraucht habe und er gerne mit dieser schönen spanischen Tradition Nunu unterstützen möchte.

„Zweihundert Gäste?“ fragte Lore „und wieso dreizehn Goldmünzen?“ Nunu lachte und erklärte: „In Spanien müssen zu jeder Hochzeit mindestens zweihundert Leute kommen. Sonst ist es keine Hochzeit. Da dachte er wohl, bei uns ist das auch so. Und die dreizehn Goldmünzen sind die Mitgift für die Braut. Eine Absicherung für den Todesfall.“ „Ach so“, sagte Lore und verstand. Für einen Moment war sie froh, keinen Spanier geheiratet zu haben. Zweihundert Gäste, du meine Güte!

[?] Fragen: Wer war schon einmal Gast auf so einer großen Hochzeit? Oder hatte selbst eine solche? Wie groß war Ihre Gästeschaar? Hatten Sie eine Mitgift oder Aussteuer?

[!] Aktion: Reichen Sie Orangenschale herum, das riecht fast wie Orangenblüten.

Lore und Nunu verstauten gerade ihre Geschenke, als Maximilian, der Uhu, klopfte. „Herein“, sagten beide gleichzeitig. An Maximilians Gesicht konnte man bereits ablesen, dass etwas nicht stimmte. „Was hat Dir denn die Petersilie verhagelt?“, fragte Nunu Maximilian. Diese Redewendung hatte er von Irmchen gelernt. „Hab meinen Dings verloren“, sagte Maximilian unglücklich. Nunu fragte genauer nach: „Wie sah das Dings denn aus?“ „So klein und glänzend“, antwortete Maximilian und machte mit dem Flügel eine drehende Bewegung.

[?] Frage: Was sucht Maximilian? (Schlüssel)

[!] Aktion: Zeigen Sie verschieden Schlüssel herum. Was kann man damit aufschließen?

„Einen Schlüssel?“, fragte Lore. Maximilian schaute unsicher. Nunu zeigte ihm einen Schlüssel. Maximilian nickte erleichtert „Genauso einen, nur größer. Er ist einfach weg. Ob ihn einer weggenommen hat?“, dachte Maximilian laut nach. „Was schließt der Schlüssel denn auf?“, fragte Lore.

„Mein Geld-Dings", sagte Maximilian. „Hast du Maria gefragt?", fragte Lore. „Nein", sagte Maximilian, „ich will sie nicht aufregen. Könnt ihr mir helfen?"

Fragen: Wer hat auch schon mal seinen Schlüssel verbummelt? Hat sich dann einer aufgeregt? Haben Sie einen festen Platz für Ihre Schlüssel?

„Klar", antwortete Nunu, „wir suchen gemeinsam. Wo hebst du ihn denn normalerweise auf?" „Werkzeugschrank", sagte Maximilian. „Da hab' ich schon gesucht." „Dann suchen wir weiter", erwiderte Nunu. „Wir finden ihn bestimmt." Sie suchten eine Stunde lang den gesamten Tischlerschuppen ab. Am Ende fanden sie ihn zwischen den Handtüchern in der Wäschetruhe. „Wie kommt der denn da hin?", wunderte sich Maximilian. „Ich kann mich nicht erinnern, ihn hier her gelegt zu haben." Er seufzte. „Tüdelig sein, ist keine Freude", meinte er zu Lore und Nunu.

Fragen: Wie fühlen Sie sich, wenn Sie tüdelig sind? Können Sie sich auch manchmal nicht erinnern, wo sie etwas abgelegt haben?

Tröstend strich Lore ihm über den Flügel. Sie warteten schweigend, bis Maximilian wieder seinen Kopf hob. „Vielleicht", meinte Lore, „solltest du den Schlüssel Maria geben. Damit sie ihn an einem sicheren Ort verwahrt." Maximilian seufzte erneut. „Ich habe Angst, nicht mehr mein eigener Herr zu sein. Abhängig von jemandem zu sein. Anderen zur Last zu fallen. Maria hat doch schon genug Arbeit mit mir", gab er zurück.

> Fragen: Haben Sie auch Angst davor, anderen zur Last zu fallen? Können Sie gut Hilfe annehmen?

„Hast du noch einen zweiten Schlüssel?", fragte Nunu, der Maximilian gut verstehen konnte. „Ja", antwortete Maximilian, „aber der ist auch weg." „Den finden wir auch wieder", sagte Nunu zuversichtlich, „du könntest den Schlüssel Maria geben. Falls deiner mal wieder weg ist, hat sie Ersatz. Wie findest du das?" „Richtig gut", sagte Maximilian erfreut. Also gingen die drei nochmals auf die Suche. Und fanden den Schlüssel dort wo sie ihn am wenigsten vermutet hätten: Am Schlüsselbrett! „Ganz schön ordentlich, für einen tüdeligen alten Uhu", neckte Nunu Maximilian und endlich konnte dieser wieder von ganzem Herzen lachen.

Tanzen

Der Winter hatte Einzug gehalten. Es wurde dunkel und kalt, die Tage kurz und die Nächte lang. Eines Abends lauschten Maria, das Huhn, und Maximilian, der Uhu, einem Radiokonzert. Es waren schöne, alte und bekannte Melodien. Maria sang hier und da leise mit und überlegte, welches Musikstück für den Chor geeignet wäre. Die Stimme des Ansagers unterbrach die Musik und verkündete: „Jetzt kommt etwas für Verliebte, ein langsamer Walzer. Lassen Sie sich nicht lange bitten, meine Herren, und fordern Sie Ihre Herzensdame auf.“ Maria seufzte und drehte ihren Kopf zu Maximilian. „Darf ich bitten?“, sagte dieser und nahm Marias Flügel. Langsam begannen die zwei sich zu bewegen. Ein sanftes Wiegen zuerst, dann die ersten Schritte im 4/4 Takt. Maximilian tappte Maria auf die Füße.

[?] Frage. Wer kann auch Walzer tanzen?

[!] Aktion. Klopfen Sie gemeinsam einen Walzertakt auf den Tisch.

„’Tschuldigung“, murmelte er und versuchte wieder in den richtigen Takt zu kommen. Es klappte und sie probierten die erste gemeinsame Drehung. Maria drehte sich nach links rum, Maximilian nach rechts. Lachend steckte Maria die Flügel nach ihm aus. „Nochmal“, rief sie lachend, „aber du musst mich festhalten.“ „Ist gut“, antwortete Maximilian und besann sich auf seine Führungsqualitäten. Die nächste Drehung klappte besser und die beiden fanden zurück in den Takt. Nach wenigen Minuten endete der Walzer. Die Musik wurde flotter. Maria lauschte aufmerksam. „Dazu passt ein Foxtrott“, stellte sie fest, „kannst du die Schritte noch Maximilian?“ „Ich glaube, ich habe alles vergessen“, sagte Maximilian.

[?] Fragen: Wer hat auch alle Schritte vergessen? Wer tappt beim Tanzen auch gerne daneben? Wer kann Foxtrott? Weitere Tänze?

„Ich nicht“, sagte Maria und fing an vor Maximilian hin- und her zu tippeln. Maximilian stellte sich neben sie und tippelte langsam mit. Sein Kopf wollte sich nicht an die Schritte des Foxtrotts erinnern, aber seine Füße erinnerten sich. Mit jedem Schritt wurden seine Bewegungen lebhafter. Er schnappte Maria und drehte sie gekonnt nach links und rechts. „Jetzt hab’ ich’s wieder!“, rief er erfreut.

[!] Aktion: Der Körper vergisst nicht so schnell. Spielen Sie einen Walzer, wer kann, macht langsame Grundschritte, die es nicht können, wiegen den Körper mit. Klatschen Sie den Takt mit.

Nach dem Foxtrott spielte das Radio etwas Südamerikanisches. „Eine Rumba“, stellte Maria nach kurzem Zuhören fest, „das wäre was für Antonio, den spanischen Zwergesel." „Nichts für alte Uhus", sagte Maximilian lachend und ließ sich auf die Küchenbank sinken. Noch immer lachend setzte sich Maria neben ihn. „Tanzen macht Spaß", sagte Maria, „und glücklich macht es auch. Ich kann gar nicht mehr aufhören zu lächeln. Ach, ich möchte gerne mal wieder richtig tanzen gehen. Mit einer Tanzkapelle, Ballsaal und schmuckem Kleid. Für dich einen schicken schwarzen Anzug, mein Schatz", schloss Maria. „Aber du siehst doch, ich kann gar nicht mehr tanzen", antwortete Maximilian, „und der schwarze Anzug kneift am Bauch."

[?] Fragen: Wer möchte auch mal wieder tanzen gehen? Bei wem kneifen Anzug oder Tanzkleid auch gewaltig? Macht Sie Tanzen oder Musik glücklich?

„Natürlich kannst du tanzen", sagte Maria, „deine Füße erinnern sich. Ich habe es selbst gefühlt. Kannst Du dich noch an die alten Tanzfilme von Ginger Rogers und Fred Astaire erinnern?" Maria fing an, zu singen: „I am singing in the rain. Soo romantisch", sagte sie zu Maximilian, als sie geendet hatte.

[?] Fragen: Wer kennt auch die alten Tanzfilme? Wer mag diese und möchte sie nochmals sehen?

[!] Aktion: Machen sie einen Filmabend mit Tanzfilm nach Wunsch.

„Das Lied kenne ich", sagte Maximilian, „aber Maria, wo sollen denn ein alter Uhu und eine ältere Hühner-Dame tanzen gehen?" „Früher gab es ja Tanztees am Nachmittag. Aber ich glaube, die sind aus der Mode gekommen. Genauso wie Tanzlokale mit Telefon-Tischchen. Das war ein Spaß, wenn wir per Telefon die Herren aufgefordert haben." Maria lächelte vergnügt bei dem Gedanken an ihre Telefonstreiche.

[!] Aktion: Zeigen Sie ein Bild vom Tanztee, dann auch noch eins vom Telefon-Tischchen.

[?] Fragen: Wer hat Tanztees besucht? Andere Tanzveranstaltungen? Gibt es in Ihrer Heimat bestimmte Tänze? Welche?

„Wir könnten selbst einen Tanztee veranstalten. Die Dielen im Stall eignen sich prima zum Tanzen." Maria begann Feuer zu fangen. „Ich fände einen Tanzlehrer gut", dachte Maximilian nach, „ich glaube, ich habe alle Schritte vergessen." „Eine gute Idee", stimmte Maria zu. „Bestimmt sind noch mehr aus der Form." „Eine Kapelle brauchen wir auch", meinte Maximilian. „Zur Not", meinte Maria, „machen wir es modern und nehmen Musik vom Tonband."

[!] Aktion: Zeigen Sie ein Foto eines Tonbandgerätes.

[?] Fragen: Wer hatte auch so eines? Wie wurde bei Ihnen die Tanzmusik gemacht? Kapelle oder Tonband?

Sie beschlossen Irmchen, die Eule, und Nunu, den portugiesischen Zwergesel, wegen des Tanzlehrers zu fragen. Die beiden hatten schließlich Kontakte in alle Welt. Am nächsten Morgen besuchte Maria Irmchen und teilte ihre Idee vom Tanztee und Tanzlehrer mit. Irmchen war von der Idee entzückt und schrieb gleich einen Brief an Antonio in Spanien. Der war ja Künstler (Feuerspucker), da kannte er bestimmt noch weitere Künstler. Auch Nunu gefiel die Idee sehr gut, als Maximilian ihn unterrichtete. Er hatte auch die Idee, Antonio zu schreiben, aber das hatte Irmchen bereits erledigt.

[?] Frage: Hätten Sie auch Lust auf ein paar Tanzstunden?

[!] Aktion: Dann wenden Sie sich an die Initiative: „Wir tanzen wieder". Diese bietet Kurse für Menschen mit Demenz und ihre Angehörigen. Oder fragen Sie ihren örtlichen Tanzverein.

„Wegen der Musik", sagte Nunu, „würde ich den Brauereihund Arno fragen. Der kennt doch bestimmt Musikkapellen." Und so machte Maximilian es auch. Er erzählte es Karl und der erzählte es Arno. Der erzählte es im Dorf weiter und innerhalb einer Woche wurde eine Tanzkapelle vorstellig. Eine weitere Woche später kam ein Brief von Antonio an. Er teilte mit, dass ein Tanzlehrer bereits auf dem Weg zum Bauernhof sei. Wie der Zufall es wollte, war der Sohn einer ausgewanderten Nichte mütterlicherseits zu Besuch.

Die Nichte war nach Amerika ausgewandert und der Sohn ein echter Amerikaner. Sein Name sei John und er sei

Profitänzer. Im Moment reise er durch Europa, um seine Familie zu besuchen. Bei Nunu habe er sowieso vorbeischauen wollen. In Kürze würde er ankommen. Und somit stand dem Tanztee nichts mehr im Wege.

[?] Fragen: Wer kennt auch einen „echten Amerikaner"? War schon einmal jemand in Amerika?

Warmes Frühstück

Wenn es darum ging, Nachrichten zu verbreiten, wurde Frau Fischer, die Störchin, schmerzlich vermisst. Keiner klapperte so schnell Nachrichten herum wie sie. Dennoch fanden die Einladungen zum Tanztee ihren Weg zu den Gästen. Auch der Tanzlehrer John fand seinen Weg zum Bauernhof. Alle waren recht aufgeregt, sie hatten noch nie einen echten Amerikaner gesehen. Und sie staunten nicht schlecht, als er auf den Bauernhof einbog. Ein kräftiges Maultier mit kastanienbraunem Fell und strahlend weißen Zähnen.

[!] Aktion: Zeigen Sie ein Foto eines Maultieres.

[?] Fragen: Was ist ein Maultier? (Eine Mischung aus Pferd und Esel) Wer hat schon einmal so ein Tier gesehen?

„John?" Nunu sah ihn fragend an. Als er ihn das letzte Mal gesehen hatte, war er ein niedliches Baby gewesen. „Yes", sagte das Maultier, „Nunu?", fügte es fragend hinzu. „Yes", sagte Nunu, der schnell ein paar Englischvokabeln aus seinem Hinterkopf zusammenkratze. „Herzlich Willkommen. Wir happy to have dich hier. Äh, kannst du Deutsch?", fügte er hinzu. John nickte und antwortete mit breitem amerikanischen Akzent: „Ein bisschen hat mir meine Ma gelernt. Ick bin happy auch. War eine long Reise."

> Fragen: Was hat das Maultier John gesagt? Kann jemand ein bisschen Englisch?
>
> Aktion: Ein bisschen Englisch kann nicht schaden. Üben Sie gemeinsam „Happy" (Glücklich) und „Yes" (Ja)

Nunu stellte ihm seine Frau Lore (das Huhn) und die anderen Bauernhofbewohner vor. Dann begleiteten Lore und Nunu ihren Gast in ihr neues Heim. Lore hatte das Gästebett frisch bezogen. In dieses legte sich John mit breitem Grinsen hinein, sagte: „Oh yes!" und schlief augenblicklich ein. Seine Beine hingen über das Bettende hinaus, so groß war er. „Bist du sicher", fragte Lore und schaute auf die langen Beine von John, „dass ihr aus einer Familie stammt?" „Ja", antwortete Nunu, „seine Mutter hat einen amerikanischen Hengst geheiratet. Der ist um einiges größer."

> Fragen: Haben Sie auch Verwandte, die Ihnen ganz und gar nicht ähnlich sehen? Hat jemand aus der Familie einen Ausländer geheiratet?

John schlief bis zum nächsten Morgen durch. Dann erwachte er voller Tatendrang. „Good morning", rief er, als er erwachte. „Gibt es etwas Fruhstuck?" „Aber sicher", antwortete Lore und wies auf den gedeckten Frühstückstisch. John setzte sich an den Tisch und beäugte Brot, Käse und Marmelade. „Keine warme Fruhstuck?“, fragte er und schaute verwundert Lore an. „Warmes Frühstück?“, fragte Lore verwundert zurück. Sie konnte sich nichts unter einem warmen Frühstück vorstellen. „Speck und Eier oder gebackene Bohnen“, erklärte John. „Das isst du zum Frühstück?“, fragte Lore verwundert. „Klar“, sagte John, „und etwas warmes Toast ist auch immer gut.“

[?] Frage: Kennen Sie warmes Frühstück? Was gab es dabei zu essen? Hätten Sie auch mal Lust auf ein Frühstück mit Speck und Eiern?

[!] Aktion: Für die Amerikaner ist das „Ü“ schwer auszusprechen. Daher sagt John „Fruhstuck“. Üben Sie gemeinsam „good morning“ (guten Morgen). Wer mag, gestaltet ein warmes Frühstück nach Wunsch.

Lore staunte und verschwand in die Küche. Heraus kam sie mit einem großen Teller. Darauf warmen Toast mit Spiegeleiern. John strahlte. „Vielen Dank“, sagte er, „und Entschuldigung die Umstande, die ick mache.“ (Das Gleiche gilt für das „Ä“).

Nach dem Frühstück wollte John gerne mit dem Tanzunterricht beginnen. Er erzählte Lore und Nunu, dass er seit zehn Jahren Turniertänzer war und schon viele Preise gewonnen hatte. Er gab auch immer wieder Tanzkurse an Kinder, Erwachsene und Senioren. So versammelten sich alle Bewohner des Bauernhauses im Stall. Karl hatte sein altes Tonbandgerät aufgestellt, damit sie Tanzmusik hatten. John schaute sich seine Schüler an. Zuerst schaute er die Küken an. „Ick denke“, meinte er zu den Küken, „für euch ist Rock ’n Roll tanzen das Richtige. Gut für die Jugend. Man muss sehr gelenkig sein. Training heute um drei Uhr. Bye bye“, schloss er und scheuchte die Küken hinaus.

Fragen: Wer kann Rock ’n’ Roll tanzen? Wer kennt diese Musik? Wer mag sie, wer nicht?

Aktion: Zeigen Sie ein Bild eines Rock ’n’ Roll Paares. Spielen Sie einen Song von Elvis oder einen anderen Rock ’n’ Roll Künstlers.

Dann sorgte er dafür, dass jeder einen Tanzpartner hatte. „Ick brauche eine schöne Fraulein zum Vortanzen“, sagte John und schnappte sich Maria. Maximilian machte ein langes Gesicht, aber Irmchen, die Eule, war schon bei ihm und hakte ihn unter. John ließ die Paare im Kreis Aufstellung nehmen. „Erst die langsame Walz“, rief er und zählte laut die Schritte vor: „Eins, zwei, drei … eins, zwei, drei …“ Alle machten mit, so gut sie konnten. „Und jetzt mit Music“, rief John und Karl schaltete das Tonband ein.

Mit Musik ging es einfach besser. John tanzte mit Maria vor und alle machten es nach. „Großartig“, rief John immer zwischendurch und „eins, zwei, drei …“ Sie übten 1 ¼ Stunden, dann hatte jeder seinen Rhythmus gefunden. „Jetzte“, rief John, „üben wir Square Dance. Alle aufstellen.“ Keiner bewegte sich. Was zum Kuckuck war Square Dance? John sah seine regungslosen Schüler an. „Sie kenne keine Square Dance?“, fragte er die Anwesenden. Diese schüttelten verneinend die Köpfe.

Fragen: Kennen Sie Square Dance? Einen anderen Tanz, den man in jedem Alter tanzen kann? Ist es schön, wenn Alt und Jung zusammen tanzen können?

Aktion: Wenn möglich, probieren Sie Tänze aus z.B. Line-Dance, Volkstänze etc.

John erklärte es ihnen. So ein Square Dance sei prima für viele Leute unterschiedlichen Alters. Keiner brauchte einen Partner und dennoch tanze niemand alleine. Man brauche je vier Personen, die sich in einer Reihe aufstellen. Eine Reihe längs, eine Reihe quer. Er, John, sei der Caller (Rufer) und würde alle Schritte ansagen. Eine schöne alte amerikanische Tradition, mitgebracht von englischen und französischen Siedlern. Sie probierten es. Die ersten zehn Minuten waren ein heilloses Durcheinander. Aber dann klappte auch dieser Tanz. Und wurde zur Überraschung aller der Lieblingstanz der ganzen Tanztee Gesellschaft.

Der dänische Adler Arne

Eines Wintertages musste der dänische Adler Arne auf dem Bauernhof notlanden. Er landete direkt vor dem Hofhund Karl. Der Adler Arne bekam einen heftigen Niesanfall. „Hatschi, Haatschi ...“, machte Arne und schüttelte sich am ganzen Körper. Karl sprang auf und starrte den niesenden Adler an. Es schien keine Gefahr von ihm auszugehen. Er machte eher einen erbärmlichen Eindruck. Seine Augen waren rot, seine Flügel hingen schlapp herunter und die Nase lief unaufhörlich.

[?] Fragen: Wie fühlen Sie sich mit einer Erkältung? Lassen Sie dann auch die „Flügel“ schlapp hängen?

[!] Aktion: Alle mal die Flügel schlapp hängen lassen.

„'Tschuldigung“, schniefte der Adler, „ich musste hier notlanden. Ich bin in eine Regenwolke geraten und habe mich furchtbar verkühlt. Komme gerade von meinem Bruder und bin zurück auf dem Weg nach Dänemark. Aber ich brauche eine Pause. Kann ich für eine Nacht hier bleiben?“ Karl legte den Kopf schief: „Ich habe hier die Verantwortung für einen Haufen Hühner, Küken und Eulen. Da habe ich nicht so gerne einen Adler in der Nähe.“

Fragen: Warum soll der Adler nicht in der Nähe von den Hühner und Küken sein? (Er frisst sie auf) Wer hat schon mal einen Adler gesehen? Echt oder ausgestopft?

Aktion: Breiten Sie die „Flügel" aus wie ein Adler.

Arne sah ihn an und sagte: „Keine Sorge, ich bin Vegetarier. Bin schon vor zehn Jahren umgestiegen." „Vegiwas?", fragte Karl. „Ich esse kein Fleisch, nur Gemüse", erklärte Arne. „Keine Gefahr für Hühner und Eulen. Aber für Möhren und Äpfel", fügte er noch hinzu.

Fragen: Wer mag auch kein Fleisch? Gibt es etwas anderes, was man nicht mag, z.B. Fisch oder Lamm?

„Na dann herzlich Willkommen", sagte Karl, „ich bring dich zu meiner Freundin Irmchen, der Eule. Sie nimmt gerne Gäste aus aller Welt auf. Für einen Dänen sprichst du aber gut Deutsch." „War zehn Jahre mit 'ner deutschen Frau verheiratet", gab der dänische Adler bekannt. Karl nickte verstehend. Sie klopften bei Irmchen und erklärten ihr Arnes Notlandung und die Sache mit dem Gemüse, das der Adler esse. Irmchen war beruhigt und bat ihren Gast herein. In ihrer warmen Hütte bekam der Adler einen neuerlichen Niesanfall. „Ach herrje", sagte Irmchen, „was machen wir denn da?" „Am besten ein heißes Bad und einen heißen Tee", näselte Arne. „Ein heißes Bad?", fragte Irmchen. „Ja gerne", sagte Arne, „oder habt ihr auch 'ne Sauna?" „Sauna?", fragte Irmchen.

[?] Fragen: Wer kennt eine Sauna? Wer hat schon einmal eine besucht? Wer war schon einmal in Dänemark/Skandinavien?

[!] Aktion: Zeigen Sie ein Bild von einer Sauna.

„Ich weiß“, sagte Karl, „im Bauernhaus gibt es im Keller eine Badewanne und einen Badeofen.“ „Badewanne?“, fragte Irmchen. Sie verstand nur Bahnhof. Karl winkte ihr, mitzukommen. Er führte Irmchen und Arne in den Keller des Bauernhauses und präsentierte ihnen den Badekeller. Er klopfte gegen den Badeofen, öffnete die Ofenklappe, schaute zufrieden und sagte: „Einem heißen Bad sollte nichts im Wege stehen.“ Dann erklärte er Irmchen Badeofen und Badewanne.

[!] Aktion: Zeigen Sie ein altes Foto von Badeofen und/oder Badewanne. Reichen Sie eine Badebürste und Schwamm herum.

[?] Fragen: Hatten Sie ein Bad? Wann wurde gebadet, z.B. Samstag? Wer hatte auch eine solche Badebürste oder einen Schwamm?

Arne sagte zu Irmchen: „Du kannst auch gerne hierbleiben und mir Gesellschaft leisten. Dann siehst du selbst, wie ein heißes Bad funktioniert.“ „Beim Baden zugucken?“, fragte Karl schockiert. „Ja warum denn nicht?“, fragte Arne zurück, „Bei uns in der Sauna sitzen doch auch alle nackt zusammen!" „Sauna?", fragte Irmchen erneut. Also erklärte der dänische Adler Arne Irmchen die skandinavische Saunakultur. Dass fast jedes Haus eine Sauna habe. Dass alle in dem heißen Holzraum nackt sind. Viele haben ein Handtuch dabei. Darauf sitzen sie, unterhalten sich, wärmen sich, bis es einem zu heiß wird. Dann springt man hinaus in den See und kühlt sich ab. Das alles sei furchtbar gesund und mache viel Spaß.

[?] Fragen: Können Sie sich vorstellen, nackt mit vielen Personen zusammen zu sitzen? Wie finden Sie das, wenn Sie einer nackt sieht? Wie ist es nur unter Frauen/ nur unter Männern, nackt zu sein?

Irmchen schüttelte verwundert den Kopf. Ein heißer Holzraum hörte sich nicht nach Spaß an. Es erinnerte sie an ihre alte Baumhöhle in der Kastanie. Im August war es immer unerträglich heiß geworden. „Wie in einer Sauna", dachte sich Irmchen und musste innerlich grinsen.

Inzwischen war das Badewasser heiß geworden und Karl ließ es dampfend in die Wanne ein. Dann streute er zwei Handvoll getrockneter Kamillenblüten mit hinein. Es duftete sehr angenehm. „Ist gut gegen die Erkältung", erklärte Karl, „ein Geheimtipp von meiner Oma."

[!] Aktion: Geben Sie eine Handvoll Kamillenblüten herum. Lassen Sie die Kamillenblüten anschließend in heißem Wasser verdampfen. Wenn möglich, lassen Sie den Dampf einatmen.

„Ich habe auch einen Geheimtipp bei Erkältungen“, sagte Irmchen, „heiße Gemüsesuppe.“ Mit diesen Worten marschierte sie ab, Richtung Küche. Arne nahm sein heißes Bad und im Anschluss eine große Schüssel Gemüsesuppe. Dann schlief er vierundzwanzig Stunden durch. Als er aufwachte, war er nahezu beschwerdefrei. Er erklärte Irmchen und Karl, er fühle sich wie neu geboren und könne seine Reise nach Hause nun fortsetzen. Er lud sie ein, sie in seinem Haus in Dänemark zu besuchen und einen gemeinsamen Saunaabend zu erleben. Die beiden versprachen darüber nachzudenken. Arne versprach Irmchen auf jeden Fall zu schreiben und Bilder zu schicken. Dann hob er ab und flog elegant davon.

Sechs Rheinschiffer

Eines Nachmittags war Karl, der Hofhund, zu einem ausgedehnten Spaziergang aufgebrochen. Er ging bis zum Strand hinunter. Es wurde schon früh dunkel, doch das störte Karl nicht. Am Strand stand ein alter Leuchtturm, der immer noch jeden Abend für ausreichende Beleuchtung sorgte. Umso überraschter war er, als er den Strand in relativer Dunkelheit vorfand. Nur einige kleine Laternen waren in der Ferne zu sehen. „Der Leuchtturm ist ausgefallen“, dachte Karl besorgt, „das kann ein Schiffsunglück geben.“ Er lief rasch näher und erkannte in der Nähe der Laternen die Umrisse eines Schiffes.

[!] Aktion: Zeigen Sie ein Foto/oder Modell eines Leuchtturms.

[?] Fragen: Wer kennt das? Wozu braucht man so etwas? Ist schon einmal jemand auf einem Leuchtturm gewesen?

Er hörte Stimmen, die sich etwas zuriefen: „Watt hässte jesaat?“, rief es und „isch kann nix hüren!“*(auf Hochdeutsch: „was hast du gesagt“ und „ich kann nichts hören“)* „Was sind das denn für Typen?“, fragte sich Karl. Er beschloss sich erst einmal vorsichtig anzuschleichen. Was er vorfand, waren sechs Rheinschiffer, deren Kahn leck geschlagen war. Sie tappten im Halbdunkeln umher und machten sich gegenseitig Vorwürfe. „Wä von üsch Jecke hätt dat Ufer nit jesehen?", knurrte ein großer Hund. „Dat wa de Jupp", knurrte ein roter Kater zurück. „Dä sollt oppassen!" „Wo sümmer bloß?", stöhnte eine andere Stimme. (*auf Hochdeutsch: „Wer von euch Blödmännern hat das Ufer nicht gesehen", „das war Josef" , „der sollte aufpassen" und „wo sind wir bloß"*)

[?] Fragen: Wer versteht Rheinländisch? Oder spricht es gar? Eine andere Mundart? Sächsisch oder Bayrisch?

[!] Aktion: Es gibt ein bekanntes Gedicht über Rheinschiffer, rezitieren Sie gemeinsam:

Loreley

Ich weiß nicht, was soll es bedeuten,
Daß ich so traurig bin;
Ein Märchen aus alten Zeiten,
Das kommt mir nicht aus dem Sinn.
Die Luft ist kühl und es dunkelt,
Und ruhig fließt der Rhein;
Der Gipfel des Berges funkelt
Im Abendsonnenschein.
Die schönste Jungfrau sitzet
Dort oben wunderbar,
Ihr goldnes Geschmeide blitzet,
Sie kämmt ihr goldnes Haar.
Sie kämmt es mit goldnem Kamme,
Und singt ein Lied dabey;
Das hat eine wundersame,
Gewaltige Melodey.

Den Schiffer, im kleinen Schiffe,
Ergreift es mit wildem Weh;
Er schaut nicht die Felsenriffe,
Er schaut nur hinauf in die Höh'.
Ich glaube, die Wellen verschlingen
Am Ende Schiffer und Kahn;
Und das hat mit ihrem Singen
Die Loreley getan.
(Heinrich Heine)

Karl beschloss aus der Deckung hervor zu kommen: „Hallo“, rief er, „kann ich euch helfen?“ Er trat in den Schein einer Laterne. „Jott sei Dank, Rettung“, rief eine weiße Hündin und ging auf Karl zu. Auch die anderen scharten sich rasch um Karl. Sie waren auf dem Strand aufgelaufen und nun hatte der Kahn ein Leck. Sie waren auf dem Weg nach Hamburg zum Hafengeburtstag. Sie hatten gehört, dass dieser fast so gut wie Karneval sein konnte. „Da habt ihr es ja gar nicht mehr weit“, sagte Karl, „aber mit einem Leck könnt ihr nicht weiterfahren. Morgen können wir es reparieren. Mein Freund ist ein Tischlermeister. Der bekommt das wieder hin. Ihr könnt bei uns übernachten, wenn ihr wollt. Und was ist ein Karneval?“

[?] Fragen: Was ist ein Karneval? Wird der auch bei Ihnen gefeiert? Wie? Wer verkleidet sich gerne?

„Du kennst keinen Karneval?“, fragte der große Hund. „Nö“, sagte Karl, „das gibt's bei uns nicht.“ Die sechs

Rheinschiffer nahmen die Einladung zur Übernachtung und die angebotene Hilfe gerne an. Auf dem Weg zum Bauernhof begann der große Hund vom Karneval im Rheinland zu erzählen. Schon nach Kurzem unterbrach ihn Karl und bat ihn, diese Geschichte allen Bewohnern des Bauernhofs zu erzählen. Inzwischen waren die Bewohner Gäste aus aller Welt gewohnt. So wunderte sich niemand, als Karl mit sechs Rheinländern auftauchte. Kurzerhand stellten Karl, Maximilian, der Uhu, und Nunu, der Zwergesel, Gästebetten auf. Irmchen, die Eule, und die beiden Hühner Maria und Lore stellten ein schnelles Abendessen auf die Beine.

Fragen: Was machen Sie, wenn unangemeldet Gäste kommen? Kennen Sie den Spruch: „Fünf sind geladen, zehn sind gekommen, gieß Wasser zur Suppe und heiß alle willkommen!“? Würden Sie das auch so machen?

Nachdem sich alle gestärkt hatten, begannen die Rheinländer vom Karneval zu erzählen. Der richtige Karneval findet auf der Straße statt. Er bringt alle Menschen zusammen, egal ob arm oder reich. An den Karnevalstagen feiern alle zusammen. Es beginnt mit der Weiberfastnacht. An diesem Tag verkleiden sich die Frauen und setzen Masken auf. Sie stürmen das Rathaus, genau am Donnerstag um 11:11 Uhr. Dann übernimmt der Karnevalsprinz die Regentschaft über das Rathaus und das Behördenleben ruht bis Aschermittwoch. Die Frauen schneiden allen Männern die Schlipse ab, wenn sie welche erwischen können. So zeigen sie ihre Macht. Dann ziehen sie los, in die Geschäfte und Büros der Stadt. Sie tanzen und singen mit den Leuten, manchmal gibt es Ansprachen oder es werden Orden verliehen.

[?] Fragen: Wer kennt die Weiberfastnacht? Wer hat schon einmal einen Orden bekommen?

[!] Aktion: Zeigen Sie Orden, einen alten Schlips und ein Schere. Wer traut sich den Schlips umzubinden, wer traut sich ihn abzuschneiden? Achtung: der Preis für einen eroberten Schlips ist ein Kuss an den Schlipsbesitzer!

So kommt das öffentliche Leben zum Erliegen, die Geschäfte schließen, die Schulen auch. Die meisten eröffnen erst wieder am Aschermittwoch. Dann ist der Karneval vorbei. Der Höhepunkt des Karnevals sei jedoch die Parade am Rosenmontag. Bei der Parade wird sich kräftig über die Politik lustig gemacht. An diesem Tag ist alles erlaubt. Es wird viel geküsst und geschunkelt. Getanzt und getrunken. Gelacht und gesungen, bis tief in die Nacht.

[!] Aktion: Zeigen Sie Rosenmontags Fotos. Wenn Sie haben, reichen Sie Kostüme, Hüte oder Konfetti herum, alles was man für einen Karneval braucht. Wer hätte Lust auf eine Karnevalsparty? Dann veranstalten Sie eine! Laden Sie alle Freunde, Nachbarn, Kind und Kegel ein. Das beste Kostüm bekommt einen Preis.

Als die Rheinländer geendet hatten, glänzten ihre Augen. Kein Zweifel, sie liebten ihren Karneval. Nunu, der

Zwergesel, nickte bestätigend, er kannte den Karneval aus Portugal. Für die anderen jedoch war er fremd. Die Rheinländer luden daraufhin alle zu ihnen ein, um gemeinsam Karneval zu feiern. Als Dankeschön für die Hilfe. Nunu sagte sofort zu. Er schaute seine Frau Lore an und meinte, er hätte da ein wunderbares Kostüm einer Prinzessin im Sinn. Irmchen meinte, sie würde gerne mal die Parade sehen. Und so öffneten sich die Bauernhofbewohner einem Stück neuer Kultur aus dem eigenen Land.

Leseprobe

Doris Reckewell / Andrea Jandt

Bis ich unterm Himmel hänge

Eine Ermutigung für Angehörige von Menschen mit Demenz

Einleitung

Wenn ich an die Zeit zurückdenke, in der meine Mutter nach und nach in die Demenz hinüberglitt, erinnere ich mich zuerst an meine Ängste, die sich zu Angstzuständen und Panikattacken auswuchsen und mir viele schlaflose Nächte und von innerer Verzweiflung geprägte Tage bescherten. Und ich erinnere mich auch an mein schlechtes Gewissen darüber, dass mir meine eigenen Gefühle oft näher standen als die meiner Mutter, die doch offensichtlich Furchtbares durchmachte und wahrscheinlich noch viel mehr litt als ich. Aber ich wollte nichts mit diesem Furchtbaren zu tun haben, und so reagierte ich aus meiner Hilflosigkeit heraus oft mit unterdrückter Wut auf sie. Praktisch aus dem Nichts und für sie völlig unverständlich wurde ich aggressiv, schrie sie auch einige Male an – und konnte auf dem Heimweg von den Besuchen bei ihr dann nur mühsam die Tränen unterdrücken, Tränen der Scham, der Abwehr, der Ohnmacht, der Verzweiflung. Meine Welt geriet aus den Fugen, aber das sollte niemand bemerken. Nach außen hin spulte sich der Alltag ab wie immer, innen versuchte ich, mein Gefühlschaos unter Kontrolle zu halten.

Es war ein Glück, dass mein Hausarzt mich gut kannte und mir half, bevor mir der Eisenring, der sich um meinen Brustkorb gelegt hatte und sich immer enger zusammenzog, die Luft abschnürte. Er vermittelte mir eine Gesprächstherapie, und die Therapeutin benutzte ein zwar einfaches, aber mir sich sehr einprägendes Bild, das mir half, den entscheidenden Schritt weg von der peinigenden passiven Haltung gegenüber der Alzheimererkrankung meiner Mutter hin zum mitfühlenden Umgang mit ihr zu machen. Ich solle mir ein Gefäß vorstellen, sagte sie, in dem sich alle nicht bewältigten Gefühle befinden: Leid, das keinen Trost erfährt, Liebe, die keine Erwiderung findet, Angst, auch Trauer, die nicht durch positives Erleben wieder abgebaut wird. Im besten Fall lebt man sein Leben, das Gefäß füllt sich, mal mehr, mal weniger, und leert sich auch wieder.

Gerät man allerdings in eine Krisensituation, kann es passieren, dass dieses Gefäß immer voller wird, Angst wird auf Leid auf Verzweiflung auf Trauer gepackt. Der Körper sendet zwar Warnsignale aus wie z. B. Schlaflosigkeit, Antriebslosigkeit, tagtägliche Müdigkeit, Angstzustände, Panikattacken. Die Signale werden auch immer dringlicher, je höher der Pegel im Gefäß steigt, aber oft werden sie nicht wahrgenommen, gehen unter im Alltagsstress. Bis eines Tages der berühmte Tropfen das Gefäß zum Überlaufen bringt, und das kann dann durchaus eine Depression werden oder der Beginn einer schweren körperlichen Krankheit.

So weit war es bei mir noch nicht, aber ich musste versuchen, „mein Gefäß" zu leeren. Also schaute ich hinein, versuchte, meine Gefühle auseinanderzudividieren und mich ihnen zu stellen. Ich lernte, sie anzunehmen und sie gewähren zu lassen. Indem ich sie nicht mehr wegdrückte, verloren sie ihre Gewalt über mich. Als Erstes verschwand die unkontrollierbare Aggressivität, dann das schlechte Gewissen und schließlich die Abwehr. Leben, das war die Quintessenz der Gespräche, bedeutet, die Widrigkeiten und die Widersprüche auszuhalten. Nicht sie zu leugnen, nicht sie zu ignorieren, nicht sie ausgleichen zu wollen, sondern sie anzunehmen und auszuhalten. Für den Umgang mit der Demenz meiner Mutter bedeutet dies, unser früheres Mutter-Tochter-Verhältnis ad acta zu legen, es zwar zu betrauern, aber ihm nicht nachzutrauern, sondern zu lernen, sich ganz auf die Gegenwart und auf die Welt meiner Mutter einzulassen.

Während ich neuen Halt suchte und fand, verlor ihn meine Mutter mehr und mehr. Da sie zu der Generation gehört, die nie gelernt hat, über ihre Gefühle zu sprechen, war es schon immer schwer, ihr etwas über ihr Innenleben zu entlocken. Und nun kam noch die Alzheimerkrankheit dazu, die, von außen gesehen, einen immer dichteren Kokon um sie legte. Ich glaube, dass das der eigentliche Schock für uns Angehörige ist: der Verlust des Partners, obwohl er noch bei uns ist. Was bedeutet: der Verlust des intellektuellen und emotionalen Austausches. Der Verlust der Projektionsfläche für die eigene Identität im anderen Menschen. Der Verlust der erfüllten oder abgewiesenen Erwartungen. Der Verlust der gemeinsam erlebten Zweisamkeit und deren Geschichte. Der Verlust des Familiengefüges, in dem die Rollen auf vertraute Weise verteilt sind.